Meine Schulbibel

Ein Buch
für Sieben- bis Zwölfjährige

Butzon & Bercker
Katholisches Bibelwerk
Kösel
bsv patmos

Der Text wurde in Anlehnung an die Einheitsübersetzung gestaltet von Renate Günzel-Horatz
Die Bilder und Zeichnungen wurden erstellt von Silke Rehberg

Zugelassen als Lehrbuch für den katholischen Religionsunterricht von den Diözesanbischöfen von Aachen, Augsburg, Bamberg, Dresden-Meißen, Eichstätt, Erfurt, Essen, Freiburg, Fulda, Görlitz, Hamburg, Hildesheim, Limburg, Magdeburg, Mainz, München und Freising, Münster, Osnabrück, Paderborn, Passau, Regensburg, Rottenburg-Stuttgart, Speyer, Trier, Würzburg

Einige Perikopen sind für die Erstleser/innen in Grund- und Sonderschulen in Sinnzeilen gesetzt.

„Meine Schulbibel" wurde maßgeblich erarbeitet durch eine „Arbeitsgruppe Schulbibeln", die vom Vorsitzenden der „Kommission Erziehung und Schule" der Deutschen Bischofskonferenz berufen wurde.
Die Mitglieder der „Arbeitsgruppe Schulbibeln":
Christoph Dohmen-Funke, Aachen
Prof. Dr. Reinhard Hoeps, Münster
Prof. Dr. Frank-Lothar Hossfeld, Bonn
Claudia Lueg, München
Prof. Dr. Helmut Merklein †, Bonn
Franz W. Niehl, Trier
Prof. Dr. Werner Simon, Mainz
Prof. Thomas Söding, Wuppertal (ab Dezember 1999)
Dr. Winfried Verburg (Vorsitzender bis Januar 2000)
Dr. Andreas Verhülsdonk (Vorsitzender ab Februar 2000)

3. Auflage 2011

Satz: Kösel-Verlag, München
Druck und Bindung: Kösel, Krugzell
Printed in Germany
ISBN: 978-3-7666-0484-2 (Butzon & Bercker)
ISBN: 978-3-460-31742-0 (Katholisches Bibelwerk)
ISBN: 978-3-466-50663-7 (Kösel)
ISBN: 978-3-7627-0270-2 (bsv patmos)

Vorwort

Liebe Mädchen und Jungen,

dieses Buch, „Meine Schulbibel“, ist etwas ganz Besonderes. Es ist anders als alle übrigen Bücher in eurer Schultasche. Warum? Darauf gibt es viele Antworten.
Die Bibel ist uralt und ganz modern. Ihre ältesten Geschichten wurden vor über 2800 Jahren aufgeschrieben. Wie viele Menschen mussten das Buch immer wieder abschreiben, wie viele mussten es in alle Sprachen übersetzen, wie viele es immer neu drucken, damit ihr es jetzt lesen könnt!
Die Bibel ist kein Schulbuch und schon gar kein Kinderbuch. Das werdet ihr sofort merken, denn sie erzählt von Hass und Liebe, von Krieg und Frieden, von Lüge und Wahrheit, vom Tod und vom Leben. Das ist das Wichtigste für alle Menschen und alle Zeiten. Und deshalb sollt auch ihr so früh wie möglich davon erfahren.

Dieses Buch sieht aus wie eines, aber in Wirklichkeit sind es ganz viele Bücher. Die Bibel ist eine kleine Bücherei. Sie besteht aus 73 Bänden. Davon gehören 46 zum Alten Testament und 27 zum Neuen Testament.
Es gibt lange und sehr kurze Bücher darunter, es gibt Erzählungen, Gedichte, Gesetze, Lieder, Sprichwörter und Briefe. In dieser Schulbibel ist nur eine kleine Auswahl davon abgedruckt. Im Gottesdienst in der Kirche und später in der Schule werdet ihr mehr davon kennen lernen.

Die Bibel stammt von Menschen und ist doch das Wort Gottes. Menschen haben die Geschichten der Bibel erlebt, weitererzählt und aufgeschrieben. Sie erzählen, dass Gott uns liebt und beschützt, dass er unsere Schuld verzeiht und seinen Sohn Jesus Christus zu uns geschickt hat. Aber diese Erzählungen sind so voller Wahrheit und Begeisterung, wie Menschen sie aus eigener Kraft gar nicht besitzen. Deshalb glauben wir Christen, dass in der Bibel Gott selbst zu uns spricht, und deshalb nennen wir sie Heilige Schrift.

Liebe Mädchen und Jungen,
wir wünschen euch von Herzen, dass ihr zusammen mit eurer Lehrerin und eurem Lehrer diese uralten modernen Menschengeschichten gerne lest und dabei etwas zu spüren bekommt vom Geist Gottes!

Aus dem Alten Testament

Ein Schöpfungslied

1 Lobe den Herrn, meine Seele!
Ps 104 Herr, mein Gott, wie groß bist du!
Du bist mit Hoheit und Pracht bekleidet.
Du hast die Erde auf Pfeiler gegründet;
in alle Ewigkeit wird sie nicht wanken.
Du hast den Wassern eine Grenze gesetzt,
die dürfen sie nicht überschreiten.
Du lässt die Quellen hervorsprudeln in den Tälern,
sie eilen zwischen den Bergen dahin.
Du lässt Gras wachsen für das Vieh,
auch Pflanzen für den Menschen, die er anbaut,
damit er Brot gewinnt von der Erde,
und Wein, der das Herz des Menschen erfreut,
damit sein Gesicht von Öl erglänzt,
und Brot das Menschenherz stärkt.
Du hast den Mond gemacht als Maß für die Zeiten,
die Sonne weiß, wann sie untergeht.
Herr, wie zahlreich sind deine Werke!
Mit Weisheit hast du sie alle gemacht.
Die Erde ist voll von deinen Geschöpfen.

Gott schafft und ordnet die Welt

2
Gen 1,1–2,4a

Im Anfang erschuf Gott den Himmel und die Erde. Die Erde aber war noch wüst und wirr. Finsternis lag über dem Wasser. Und Gottes Geist schwebte darüber.
Gott sprach: „Es werde Licht." Und es wurde Licht. Gott sah, dass das Licht gut war. Und Gott trennte das Licht von der Finsternis. Gott nannte das Licht Tag. Die Finsternis nannte er Nacht.

Es wurde Abend, es wurde Morgen: Das war der erste Tag.

Dann sprach Gott: „Es soll ein Gewölbe entstehen mitten im Wasser." Gott machte also das Gewölbe. Er trennte damit das Wasser über dem Gewölbe von dem Wasser unter dem Gewölbe. So geschah es. Gott nannte das Gewölbe Himmel.

Es wurde Abend, es wurde Morgen: Das war der zweite Tag.

Dann sprach Gott: „Die Wasser unter dem Himmel sollen zusammenfließen. Es soll das Trockene zu sehen sein." So geschah es. Das Trockene nannte Gott Land. Die zusammengeflossenen Wasser nannte er Meer. Gott sah, dass es gut war. Dann sprach Gott: „Das Land soll junges Grün wachsen lassen, Pflanzen und Bäume aller Art." So geschah es. Und Gott sah, dass es gut war.

Es wurde Abend, es wurde Morgen: Das war der dritte Tag.

Dann sprach Gott: „Es sollen Lichter am Himmel sein. Sie sollen den Tag und die Nacht voneinander trennen. Die Lichter sollen über die Erde leuchten. Sie sollen die Feste, die Tage und die Jahre anzeigen." So geschah es. Gott machte die beiden großen Lichter. Das größere leuchtet am Tag. Das kleinere leuchtet in der Nacht, zusammen mit den Sternen. Gott sah, dass es gut war.

Es wurde Abend, es wurde Morgen: Das war der vierte Tag.

Dann sprach Gott: „Das Wasser soll wimmeln von Fischen. Und am Himmel sollen Vögel fliegen." Gott machte alle Arten von großen Seetieren und alle Lebewesen, die im Wasser wohnen. Und er machte alle Arten von Vögeln. Gott sah, dass es gut war. Gott segnete sie und sprach: „Seid fruchtbar und vermehrt euch. Ihr sollt im Wasser der Meere wohnen. Und die Vögel sollen sich auf dem Land vermehren."

Es wurde Abend, es wurde Morgen: Das war der fünfte Tag.

Dann sprach Gott: „Das Land soll alle Arten von Tieren hervorbringen: Herdentiere, Kriechtiere und Wildtiere." So geschah es. Gott machte alle Arten von Wildtieren, alle Arten von Herdentieren und alle Arten von Kriechtieren auf dem Erdboden. Gott sah, dass es gut war.

Dann sprach Gott: „Lasst uns Menschen machen nach unserem Bild. Sie sollen uns ähnlich sein. Sie sollen herrschen über die Fische des Meeres, über die Vögel des Himmels, über das Vieh, über die ganze Erde und über alle Kriechtiere auf dem Land." Gott schuf also den Menschen nach seinem Bild, als ein Abbild Gottes schuf er ihn. Als Mann und Frau schuf er sie. Gott segnete sie und sprach zu ihnen: „Seid fruchtbar und vermehrt euch. Bewohnt die Erde und erfreut euch an ihren Gaben. Herrscht über die Fische des Meeres, die Vögel des Himmels und über alle Tiere, die auf dem Land leben." Dann sprach Gott: „Hiermit vertraue ich euch an alle Pflanzen auf der ganzen Erde und alle Bäume mit ihren Früchten. Sie sollen euch zur Nahrung dienen. Allen Tieren des Feldes, allen Vögeln des Himmels und allem, was Lebensatem in sich hat, gebe ich alle grünen Pflanzen zur Nahrung." So geschah es. Gott sah alles an, was er gemacht hatte: Es war sehr gut.

Es wurde Abend, es wurde Morgen: Das war der sechste Tag.

So wurden der Himmel und die Erde geordnet. Am siebten Tag beendete Gott die Arbeit, die er getan hatte. Und er ruhte und feierte den siebten Tag. Gott segnete den siebten Tag und nannte ihn heilig. Denn an diesem Tag ruhte Gott und feierte, nachdem er die ganze Schöpfung vollendet hatte.

Das ist die Geschichte, wie Himmel und Erde erschaffen wurden.

Mann und Frau im Garten Eden

3

Gen 2,4b–25

Gott, der Herr, machte die Erde und den Himmel. Aber auf der Erde gab es noch keine Sträucher und keine Pflanzen. Es gab auch noch keinen Menschen, der den Ackerboden bearbeitete. Aber aus der Erde stieg Feuchtigkeit hoch und tränkte die Felder.

Da machte Gott, der Herr, Adam, den Menschen. Er formte ihn aus der Erde des Ackerbodens. Und er blies in seine Nase den Atem des Lebens. So wurde der Mensch lebendig.

Dann pflanzte Gott, der Herr, im Osten den Garten *Eden. Dort hinein setzte er den Menschen. Gott, der Herr, ließ aus dem Ackerboden allerlei Bäume wachsen. Sie waren herrlich anzusehen und trugen köstliche Früchte. In der Mitte des Gartens aber wuchsen der Baum des Lebens und der Baum der Erkenntnis von Gut und Böse.

Gott, der Herr, setzte also den Menschen in den Garten von Eden. Er sollte ihn pflegen und beschützen. Dann sagte Gott, der Herr, zu dem Menschen: „Von allen Bäumen des Gartens darfst du essen. Nur von dem Baum der Erkenntnis von Gut und Böse darfst du nicht essen. Denn sobald du davon isst, wirst du sterben."

Dann sprach Gott, der Herr: „Es ist nicht gut für den Menschen, dass er allein ist. Ich will ihm eine Hilfe machen, die zu ihm passt."

Gott, der Herr, machte aus dem Ackerboden alle Tiere auf der Erde und alle Vögel am Himmel. Er führte sie zu dem Menschen, damit er ihnen einen Namen gab. Und wie der Mensch sie nannte, so sollten sie heißen. Der Mensch gab allen Tieren einen Namen. Aber eine Hilfe, die zu ihm passte, fand er nicht.

Da ließ Gott, der Herr, einen tiefen Schlaf über den Menschen fallen. Dann nahm er eine Rippe des Menschen und baute daraus eine Frau. Gott, der Herr, führte sie zu dem Menschen. Und der Mensch sprach voll Freude: „Das ist endlich jemand, der mir gleich ist!"

Darum wird ein Mann seinen Vater und seine Mutter verlassen, um mit seiner Frau zu leben. Und die beiden sind sich so nah wie das eigene Fleisch und Blut. Der Mann und seine Frau waren nackt. Aber sie brauchten sich nicht zu schämen.

Adam und Eva übertreten Gottes Gebot

Die Schlange war listiger als alle anderen Tiere, die Gott, der Herr, gemacht hatte. Sie sagte zu der Frau: „Hat Gott wirklich gesagt: ‚Ihr dürft keine Früchte von den Bäumen des Gartens essen'?" Die Frau antwortete der Schlange: „Wir dürfen von allen Früchten essen. Nur nicht von den Früchten des Baums in der Mitte des Gartens. Von ihnen hat Gott gesagt: ‚Davon dürft ihr nicht essen und ihr sollt sie nicht berühren. Denn sonst werdet ihr sterben.' " 4 *Gen 3,1–24*

Da sagte die Schlange zur Frau: „Auf keinen Fall werdet ihr davon sterben. Im Gegenteil: Sobald ihr davon esst, werden euch die Augen aufgehen. Dann werdet ihr so sein wie Gott. Ihr werdet sehen, was gut und was böse ist."

Da sah die Frau, dass die Früchte des Baums köstlich waren. Und sie wünschte sich klug zu werden. Deshalb nahm sie von den Früchten und aß davon. Auch ihrem Mann gab sie von den Früchten. Und auch er aß davon. Da gingen den beiden die Augen auf. Sie erkannten, dass sie nackt waren, und sie schämten sich. Deshalb flochten sie Feigenblätter zusammen und bekleideten sich damit.

Gott, der Herr, ging im kühlen Abendwind im Garten spazieren. Der Mann und seine Frau hörten ihn kommen. Sie versteckten sich unter den Bäumen. Gott, der Herr, rief nach Adam und sprach: „Wo bist du?"

Adam antwortete: „Ich habe dich kommen hören. Da fürchtete ich mich, weil ich nackt bin. Deshalb habe ich mich versteckt."

Da fragte Gott, der Herr: „Wer hat dir gesagt, dass du nackt bist? Hast du von den Früchten des verbotenen Baums gegessen?"

Adam antwortete: „Die Frau, die du mir gegeben hast, sie gab mir von den Früchten. Und so habe ich davon gegessen."

Gott, der Herr, sprach zu der Frau: „Warum hast du das getan?" Die Frau antwortete: „Die Schlange hat mich verführt. Und so habe ich davon gegessen."

Da sprach Gott, der Herr, zu der Schlange: „Weil du das getan hast, bist du verflucht unter allen Tieren. Auf dem Bauch sollst du kriechen. Staub sollst du fressen alle Tage deines Lebens. Es wird Feindschaft sein zwischen dir und der Frau. Feindschaft wird sein zwischen deinem Nachwuchs und ihrem Nachwuchs. Er wird dir auf den Kopf treten und du wirst nach seiner Ferse beißen."

Zu der Frau sprach er: „Viele Beschwerden sollst du haben, wenn du schwanger bist. Mit Schmerzen wirst du deine Kinder zur Welt bringen. Du wirst dich nach deinem Mann sehnen, aber er wird über dich herrschen."

Zu Adam sprach er: „Du hast auf deine Frau gehört und von den Früchten des verbotenen Baums gegessen. Deshalb ist deinetwegen der Ackerboden verflucht. Mit vieler Mühe wirst du dich von ihm ernähren alle Tage deines Lebens. Dornen und Disteln wird er dir wachsen lassen. Im Schweiße deines Angesichts sollst du dein Brot essen, bis du selbst wieder zu Erde wirst. Denn aus Erde habe ich dich ja gemacht. Staub bist du und zum Staub kehrst du zurück."

Adam nannte seine Frau Eva, das heißt Leben. Sie wurde die Mutter aller Menschen. Gott, der Herr, machte Adam und seiner Frau Kleider aus Fellen und zog sie ihnen an. Dann sprach er: „Der Mensch ist geworden wie wir. Er kann zwischen Gut und Böse unterscheiden. Nun soll er nicht die Früchte vom Baum des Lebens essen und ewig leben."

Gott, der Herr, vertrieb den Menschen aus dem Garten *Eden. Und Engel mit feurigen Schwertern bewachten den Garten und den Weg zum Baum des Lebens.

Kain und Abel

5
Gen 4,1–16

Adam und Eva lebten als Mann und Frau miteinander. Eva wurde schwanger und brachte einen Sohn zur Welt. Sie nannte ihn Kain und sagte: „Mit Gottes Hilfe habe ich ein Kind erworben."

Sie bekam noch einen zweiten Sohn. Den nannte sie Abel. Als die Brüder groß geworden waren, wurde Abel ein Schafhirt und Kain ein Ackerbauer.

Eines Tages brachte Kain Gott ein Opfer dar. Er nahm dazu vom besten Getreide seiner Felder. Auch Abel brachte dem Herrn ein Opfer. Er schlachtete ein schönes, fettes Lamm. Gott schaute auf das Opfer des Abel. Aber das Opfer Kains schaute er nicht an. Da wurde Kains Gesicht rot vor Wut und er sah zu Boden.

Gott sprach zu ihm: „Warum ist dein Gesicht rot vor Wut und warum siehst du zu Boden? Ist es nicht so: Wenn du Gutes denkst und tust, dann darfst du aufschauen. Wenn du aber nichts Gutes denkst und tust, dann lauert die Sünde wie ein böser Geist vor deiner Tür. Sie hat es auf dich abgesehen. Aber du sollst die Sünde besiegen."

Da sagte Kain zu seinem Bruder Abel: „Lass uns auf das Feld hinausgehen." Als sie dort angekommen waren, fiel Kain über seinen Bruder her und schlug ihn tot.

Da sprach Gott zu Kain: „Wo ist dein Bruder Abel?«

Kain antwortete: „Ich weiß es nicht. Bin ich denn der Hüter meines Bruders?"

Gott sprach: „Was hast du getan? Das Blut deines Bruders hat den Ackerboden rot gefärbt. Es schreit zu mir hinauf. Deshalb bist du verflucht. Du bist vertrieben von der Erde, die das Blut deines Bruders getrunken hat. Wenn du den Ackerboden bepflanzt, wird er dir keine Ernte mehr bringen. Rastlos und ohne Ziel wirst du durch die Welt wandern."

Da antwortete Kain: „Meine Schuld ist so groß, dass ich sie nicht tragen kann. Du hast mich heute vom Ackerboden weggejagt. Ich muss mich vor deinem Blick verstecken. Rastlos und ohne Ziel werde ich umherwandern. Und wer mich findet, wird mich erschlagen."

Aber Gott sprach zu ihm: „Keineswegs. Der Mensch, der Kain erschlägt, soll siebenfach bestraft werden." Und er machte ihm ein Zeichen, um ihn vor der Rache der Menschen zu beschützen. Dann ging Kain weg vom Angesicht Gottes und zog in das Land Nod östlich von *Eden.

Noach und die große Flut

6

Gen 6,5–9,16

Gott sah, dass die Menschen auf der Erde immer schlechter wurden. Denn alle Gedanken und Wünsche ihres Herzens waren immer nur böse. Da bereute es der Herr, dass er die Menschen gemacht hatte, und es tat seinem Herzen weh. Gott sagte: „Ich will die Menschen, die ich gemacht habe, töten und vom Erdboden wegwischen. Und mit ihnen sollen auch alle Herdentiere sterben, alle Kriechtiere und alle Vögel des Himmels. Denn ich bereue es, dass ich sie gemacht habe."

Nur Noach fand *Gnade vor den Augen des Herrn. Denn Noach war ein *gerechter und guter Mann und ging auf Gottes Wegen. Da sprach Gott zu Noach: „Ich will alle lebendigen Wesen auf der Erde töten. Denn durch sie ist die Erde erfüllt von Gewalt. Baue dir eine Arche aus *Zypressenholz. Sie soll drei Stockwerke hoch sein und viele Räume haben. Bestreiche die Bretter von innen und außen mit *Pech, damit kein Wasser hinein kann. Die Arche soll dreihundert *Ellen lang, fünfzig Ellen breit und dreißig Ellen hoch sein. Mache ihr ein Dach und einen Eingang an der Seite. Ich will nämlich eine große Flut über die Erde bringen. Sie soll alles töten, was unter dem Himmel lebt. Mit dir aber schließe ich einen *Bund. Geh in die Arche, du, deine Söhne, deine Frau und die Frauen deiner Söhne. Auch von allen Tieren nimm je zwei mit in die Arche, damit sie am Leben bleiben. Je ein Weibchen und ein Männchen sollen es sein. Nimm dir auch von allem Essbaren mit und lege dir Vorräte an."

Noach tat alles genau so, wie Gott es ihm gesagt hatte.

Darauf sprach der Herr zu Noach: „Geh in die Arche hinein, du und deine ganze Familie. Denn es dauert nur noch sieben Tage, dann werde ich es regnen lassen auf die Erde. Vierzig Tage und vierzig Nächte lang wird es regnen und ich werde alles Lebendige töten."

Noach ging also in die Arche und mit ihm seine ganze Familie. Dazu auch die Tiere, immer zwei von jeder Art. Als die sieben Tage vorüber waren, kam das Wasser der großen Flut über die Erde. Alle Quellen aus der Tiefe brachen auf und alle Tore des Himmels öffneten sich. Und der Regen strömte vierzig Tage und vierzig Nächte lang auf die Erde. Das Wasser stieg hoch und hob die Arche immer höher. Das Wasser schwoll an und bedeckte alle hohen Berge, die es unter dem Himmel gibt. Da starb alles Lebendige auf der Erde. Übrig blieben nur Noach und alle, die mit ihm in der Arche waren. Das Wasser aber stieg hundertfünfzig Tage lang auf der Erde an.

Gott aber vergaß Noach nicht; er sorgte sich um ihn und um alle Tiere, die mit ihm in der Arche waren. Gott ließ einen Wind über die Erde wehen. Das Wasser sank und die Arche lief auf festen Grund im Gebirge von Ararat.

Nach vierzig Tagen öffnete Noach das Fenster der Arche und ließ eine Taube hinaus. Die Taube aber fand keinen Halt für ihre Füße, weil noch über der ganzen Erde das Wasser stand. Deshalb kehrte sie in die Arche zurück. Noach wartete sieben Tage und ließ die Taube wieder ausfliegen. Gegen Abend kam die Taube zu ihm zurück und siehe da: In ihrem Schnabel trug sie einen frischen Zweig vom Olivenbaum. Jetzt wusste Noach, dass nur noch wenig Wasser auf der Erde stand. Er wartete noch einmal sieben Tage und ließ die Taube noch einmal hinaus. Nun kehrte sie nicht mehr zu ihm zurück. Da öffnete Noach das Dach der Arche und blickte hinaus. Und siehe: Die Erde war trocken.

Da sprach Gott zu Noach: „Komm heraus aus der Arche, du, deine Frau, deine Söhne und die Frauen deiner Söhne. Und bring auch alle Tiere mit dir heraus. Sie sollen sich vermehren auf der Erde und sie wieder mit Leben erfüllen."

Dann baute Noach dem Herrn einen Altar und brachte ihm zum Dank ein Opfer. Und Gott sprach bei sich:

„Ich will die Erde nicht noch einmal
wegen der Bosheit der Menschen verfluchen.
Nie wieder will ich alles Lebendige auf ihr töten.
Solange die Erde besteht,
soll es geben
Aussaat und Ernte,
Kälte und Hitze,
Sommer und Winter,
Tage und Nächte."

Und Gott segnete Noach und seine Familie und sprach zu ihnen: „Seid fruchtbar, vermehrt euch und füllt die Erde mit Leben. Ich schließe meinen *Bund mit euch und euren Nachkommen. Nie wieder soll eine solch große Flut kommen und die Erde vernichten. Und das ist das Zeichen meines Bundes mit euch und mit allen Menschen: Meinen Bogen setze ich in die Wolken. Wenn ich die Wolken über der Erde zusammenballe und wenn der Regenbogen am Himmel erscheint, dann werde ich mich an den Bund erinnern, den ich mit euch geschlossen habe."

Der Turm von Babel

7 Gen 11,1–9

In den frühen Tagen hatten alle Menschen auf der Erde noch dieselbe Sprache und alle gebrauchten die gleichen Wörter. Da machten sie sich auf von Osten und wanderten. In der Ebene Schinar fanden sie fruchtbares Land und dort ließen sie sich nieder.

Da sagten sie zueinander: „Auf! Wir wollen aus Lehm Ziegel machen und sie zu Steinen brennen." Und sie brannten die Ziegel zu Backsteinen. Als Mörtel nahmen sie das *Pech, das sie in der Erde fanden. Dann sagten sie: „Auf! Wir wollen uns eine Stadt bauen und einen Turm. Der Turm soll so hoch sein, dass er mit der Spitze den Himmel berührt. Dann wird unser Name berühmt sein und wir werden uns nicht über die ganze Erde zerstreuen."

Da stieg der Herr herab, um sich die Stadt und den Turm anzusehen. Er sprach: „Seht dies an! Ein Volk sind sie und alle sprechen die gleiche Sprache. Und dies hier ist erst der Anfang ihrer Taten. Von jetzt an wird ihnen alles gelingen, was sie planen.

Auf! Ich will herabsteigen und ihre Sprache verwirren, damit niemand mehr den anderen versteht." Und der Herr zerstreute sie über die ganze Erde und sie hörten auf, an der Stadt und an dem Turm zu bauen.

Darum nannte man die Stadt *Babel, das heißt: Verwirrung. Denn dort hat der Herr die Sprache aller Menschen verwirrt und sie über die ganze Erde zerstreut.

Gott ruft und Abraham hört

8 Abraham stammte aus der Stadt Ur in *Chaldäa. Er war zusammen mit seinem Vater Terach, mit seiner Frau Sara und mit seinem Neffen Lot von dort weggezogen. Sie hatten sich in *Haran niedergelassen. Der Herr sprach zu Abraham:

Gen 12,1–7

„Zieh fort aus deinem Land.
Zieh fort von deiner Verwandtschaft
und fort vom Haus deiner Verwandtschaft.
Zieh in das Land, das ich dir zeigen werde.
Dort werde ich dich zum Vater eines großen Volkes machen.
Ich werde dich segnen und du sollst ein Segen sein.
Ich werde die Menschen segnen, die dich segnen.
Und wer dich verwünscht, den will ich verfluchen.
Durch dich sollen gesegnet sein alle Menschen auf der Erde."

Da zog Abraham weg, wie der Herr es ihm gesagt hatte. Und mit ihm zogen seine Frau Sara und sein Neffe Lot. Mit ihm zogen seine Knechte und Mägde, seine Herden und alles, was ihm gehörte. Sie wanderten nach *Kanaan und kamen dort an. Das Land aber gehörte den *Kanaanitern. Abraham zog durch das Land bis *Sichem. Dort erschien der Herr dem Abraham und sprach: „Deinen Nachkommen werde ich dieses Land geben."

Da baute Abraham dem Herrn an dieser Stelle einen Altar.

Gott schließt einen Bund mit Abraham

9 Der Herr erschien dem Abraham und sprach zu ihm: „Fürchte dich nicht, Abraham. Ich beschütze dich und dein Lohn wird sehr groß sein."

Gen 15,1–7.18

Abraham antwortete: „Herr, mein Herr, was willst du mir schon geben? Du hast mir ja keine Kinder geschenkt und deshalb wird mein Diener Eliëser alles erben, was ich besitze."

Da sprach der Herr zu ihm: „Nicht Eliëser, sondern dein eigener Sohn wird dein Erbe sein. Sieh doch zum Himmel hinauf! Zähle die Sterne, wenn du sie zählen kannst. So zahlreich wie diese Sterne werden deine Nachkommen sein."

Abraham glaubte dem Herrn. Und Gott sagte: „Weil du glaubst, bist du *gerecht." Und Gott sprach weiter: „Ich bin der Herr, der dich aus Ur in *Chaldäa herausgeführt hat um dir dieses Land zu geben."

An diesem Tag schloss der Herr mit Abraham diesen *Bund: „Deinen Nachkommen gebe ich dieses Land vom Grenzbach *Ägyptens bis zum großen Strom, dem *Eufrat."

Sara lacht

Der Herr erschien dem Abraham bei den Eichen von *Mamre. 10
Abraham saß in der Mittagshitze am Zelteingang. Er blickte auf
und sah drei Männer näher kommen. Da lief er ihnen entgegen, *Gen 18,1–15*
verneigte sich bis zur Erde und sagte: „Mein Herr, geh doch nicht an deinem Knecht vorüber. Ich lasse Wasser holen. Dann könnt ihr eure Füße waschen und euch im Schatten des Baumes ausruhen. Ich will auch etwas Brot holen. Damit könnt ihr euch stärken, bevor ihr weitergeht."

Sie antworteten: „Tu es so, wie du gesagt hast."

Da lief Abraham eilig zu Sara und rief: „Schnell, nimm drei *Maß feines Mehl und backe *Fladenbrot."

Er lief weiter zur Herde, nahm ein zartes, prächtiges Kalb und gab es dem Knecht. Der bereitete es schnell zu. Dann nahm Abraham Butter, Milch und das zubereitete Kalbfleisch und brachte es den Männern. Er bediente sie unter dem Baum, während sie aßen.

Sie fragten ihn: „Wo ist deine Frau Sara?" „Dort im Zelt", antwortete Abraham. Da sprach der Herr: „In einem Jahr komme ich wieder zu dir. Dann wird deine Frau Sara einen Sohn haben."

Sara hörte am Zelteingang hinter seinem Rücken zu. Abraham und Sara waren schon sehr alt. Deshalb lachte Sara still in sich hinein und dachte: „Jetzt, wo ich längst alt und verwelkt bin, soll ich noch das Glück der Liebe erleben und ein Kind bekommen?"

Da sprach der Herr zu Abraham: „Warum lacht Sara? Ist denn für Gott etwas unmöglich?"

Da widersprach Sara und sagte: „Ich habe nicht gelacht." Sie hatte nämlich Angst. Er aber sagte: „Doch, du hast gelacht."

Isaak wird geboren

11

Gen 21,1–8

Der Herr sorgte für Sara,
wie er es gesagt hatte.
Und der Herr handelte an Sara,
wie er versprochen hatte.

Sara wurde schwanger und schenkte dem Abraham noch in seinem hohen Alter einen Sohn. Er wurde geboren zu der Zeit, die Gott vorausgesagt hatte. Abraham nannte seinen Sohn Isaak.

Als Isaak acht Tage alt war, *beschnitt ihn Abraham, wie Gott es ihm befohlen hatte. Abraham war hundert Jahre alt, als sein Sohn Isaak zur Welt kam.

Sara aber sagte:

„Ein Lachen hat mir Gott geschenkt.
Jeder, der es hört,
er lacht mir zu."
Und dann sagte sie:
„Wer hätte dem Abraham gesagt:
‚Sara stillt noch ein Kind!'
Ja, einen Sohn habe ich ihm geboren
in seinem hohen Alter!"

Das Kind wuchs heran. Und an dem Tag, an dem Isaak nicht mehr an der Brust seiner Mutter trank, feierte Abraham ein großes Festmahl.

Josef und seine Brüder

Josefs Träume

12
Gen 37,1–11

Jakob war der Sohn Isaaks. Er wohnte im Lande *Kanaan. Dort hatte sein Vater noch als Fremder gelebt. Jakob hatte zwölf Söhne. Seine Frau Lea brachte Ruben, Simeon, Levi, Juda, Issachar und Sebulon zur Welt. Seine Frau Rahel, die Jakob am meisten liebte, schenkte ihm Josef und Benjamin. Von der Nebenfrau Bilha stammten Dan und Naftali. Die Söhne der Nebenfrau Silpa hießen Gad und Ascher.

Josef war der zweitjüngste der Söhne. Als er siebzehn Jahre alt war, hütete er zusammen mit seinen Brüdern die Schafe und Ziegen seines Vaters. Josef verriet ihrem Vater, was die Brüder Böses taten. Jakob liebte Josef mehr als alle seine anderen Söhne. Eines Tages ließ er ein festliches Gewand nähen und schenkte es ihm. Die Brüder sahen, dass ihr Vater Josef mehr liebte als sie. Deshalb hassten sie Josef und konnten mit ihm kein gutes Wort mehr reden.

Eines Tages hatte Josef einen Traum und erzählte ihn seinen Brüdern. Er sagte zu ihnen: „Hört, was ich geträumt habe. Wir banden das Getreide zu *Garben mitten auf dem Feld. Meine Garbe richtete sich auf und blieb stehen. Eure Garben standen im Kreis um sie herum und verneigten sich tief vor meiner Garbe." Da sagten seine Brüder zu ihm: „Willst du etwa König über uns werden oder dich als unser Herr aufspielen?" Und sie hassten ihn noch mehr wegen seiner Träume und seiner Worte.

Josef hatte noch einen anderen Traum. Auch den erzählte er seinen Brüdern und sagte: „Ich träumte, die Sonne, der Mond und elf Sterne verneigten sich tief vor mir." Als sein Vater davon hörte, schimpfte er ihn aus und sagte: „Was soll das, was du da geträumt hast? Sollen vielleicht ich, deine Mutter und deine Brüder uns vor dir verneigen?" Seine Brüder waren eifersüchtig auf Josef.

Josef wird verkauft

Die Brüder hüteten die Herden ihres Vaters bei *Sichem. Da sagte Jakob zu Josef: „Geh doch hin und sieh nach, wie es deinen Brüdern und den Herden geht. Dann berichte mir davon." 13 *Gen 37,12–36*

Josef kam nach Sichem. Seine Brüder sahen ihn von weitem. Sie sagten zueinander: „Da kommt ja unser Träumer. Kommt, wir wollen ihn töten und in eine *Zisterne werfen. Wir werden sagen, dass ihn ein wildes Tier gefressen hat. Dann werden wir ja sehen, was aus seinen Träumen wird." Aber Ruben, sein ältester Bruder, wollte ihn retten und ihn später zu seinem Vater zurückbringen. Deshalb sprach er: „Wir wollen sein Blut nicht vergießen. Werft ihn in die Zisterne, aber tötet ihn nicht."

Als Josef bei seinen Brüdern angekommen war, zogen sie ihm sein festliches Gewand aus. Sie packten ihn und warfen ihn in die Zisterne. Die Zisterne aber war leer, es war kein Wasser darin. Danach setzten sie sich zum Essen. Da sahen sie eine *Karawane herankommen. Es waren Kaufleute aus *Midian auf dem Weg nach *Ägypten. Ihre Kamele waren mit kostbaren Waren schwer beladen. Da sagte Juda zu seinen Brüdern: „Kommt, lasst uns Josef an diese Händler verkaufen." Seine Brüder waren einverstanden. Sie zogen Josef aus der Zisterne herauf und verkauften ihn für zwanzig Silberstücke.

Dann nahmen sie sein Gewand, schlachteten einen Ziegenbock und tauchten das Kleid in sein Blut. Sie schickten das Gewand zu ihrem Vater und ließen ihm sagen: „Das haben wir gefunden. Sieh doch, ob es deinem Sohn gehört."

Als Jakob es sah, schrie er: „Das ist das Gewand meines Sohnes! Ein wildes Tier hat Josef gefressen!" Dann zerriss Jakob seine Kleider und zog sich ein Trauergewand an. Und er weinte um seinen Sohn viele Tage lang und wollte sich nicht trösten lassen.

Josef wird Sklave in Ägypten

14 *Gen 39,1–21*

Die Händler brachten Josef nach *Ägypten und er wurde *Sklave im Haus des Potifar. Potifar war ein vornehmer Beamter am Hof des *Pharao und der Oberste der Leibwache. Der Herr beschützte Josef und so gelang ihm alles, was er auch tat. Als Potifar das sah, machte er Josef zu seinem Verwalter. Er vertraute ihm alles an, was er besaß. Und der Herr segnete das Haus des Ägypters um Josefs willen.

Josef hatte eine schöne Gestalt und ein schönes Gesicht. Nach einiger Zeit warf Potifars Frau ein Auge auf Josef und sagte zu ihm: „Komm und schlafe mit mir!" Er aber wollte nicht und antwortete ihr: „Du siehst doch, dass mein Herr mir alles anvertraut hat, was ihm gehört. Nichts hat er für sich behalten als nur dich. Denn du bist seine Frau. Wie könnte ich da ein so großes Unrecht begehen und gegen Gott sündigen?"

Und obwohl sie Tag für Tag auf ihn einredete, hörte er nicht auf sie.

Eines Tages kam Josef ins Haus, um zu arbeiten. Niemand von den anderen Dienern war dort. Da packte sie ihn an seinem Gewand und sagte: „Komm, schlafe mit mir!" Josef aber riss sich los. Er ließ sein Gewand in ihrer Hand zurück und lief hinaus.

Da rief Potifars Frau ihre Diener herbei und sagte zu den Leuten: „Seht nur! Mein Mann hat uns diesen *Hebräer ins Haus gebracht und er treibt sein Spiel mit uns. Er ist zu mir gekommen und wollte mit mir schlafen. Ich aber habe laut geschrien und um Hilfe gerufen. Da ließ er sein Gewand bei mir zurück und lief hinaus."

Und sie ließ das Gewand bei sich liegen, bis ihr Mann nach Hause kam. Dann erzählte sie ihm die gleiche Geschichte. Als Potifar hörte, was seine Frau ihm erzählte, packte ihn der Zorn. Er ließ Josef ergreifen und ins Gefängnis werfen.

Josef im Gefängnis

Der Herr aber beschützte Josef auch im Gefängnis. Bald fasste der Gefängnisleiter Vertrauen zu ihm. Er machte Josef zum Aufseher über die anderen Gefangenen. Was immer auch Josef unternahm, der Herr ließ es ihm gelingen. 15 *Gen 39,21–40,23*

Einige Zeit später handelten der oberste *Mundschenk und der oberste Hofbäcker unrecht gegen ihren Herrn. Der *Pharao wurde zornig über sie und ließ beide ins Gefängnis werfen. Der Oberste der Leibwache gab Josef den Auftrags, sie zu bedienen.

Als sie einige Zeit gefangen waren, hatten der Mundschenk und der Hofbäcker in derselben Nacht einen Traum. Am Morgen kam Josef zu ihnen und sah, dass sie missmutig waren. Da fragte er: „Warum seht ihr heute so traurig aus?" Sie antworteten ihm: „Wir hatten einen Traum. Aber es ist niemand da, der ihn uns deuten kann." Josef sagte zu ihnen: „Ist es nicht Gottes Sache, die Träume zu deuten? Erzählt mir doch davon!"

Darauf erzählte der Mundschenk Josef seinen Traum. Er sagte zu ihm: „Ich träumte von einem Weinstock mit drei *Reben. Er trieb

Knospen, seine Blüten wuchsen und schon wurden die Beeren an seinen Trauben reif. Ich nahm die Beeren und drückte ihren Saft in den Becher des Pharao. Dann gab ich dem Pharao den Becher in die Hand."

Da sprach Josef zu ihm: „Das ist die Deutung: Die drei Reben sind drei Tage. Noch drei Tage, dann wird der Pharao dich kommen lassen. Er wird dir dein Amt als Mundschenk zurückgeben. Du wirst ihm wie früher den Becher reichen. Doch denk an mich, wenn es dir wieder gut geht. Erzähle dem Pharao von mir; denn ich bin unschuldig in dieses Gefängnis gekommen."

Als der Hofbäcker die günstige Deutung hörte, sagte er zu Josef: „Auch ich hatte einen Traum. Ich trug drei Körbe mit feinem Gebäck auf meinem Kopf. Im obersten Korb war das Gebäck für den Tisch des Pharao. Aber die Vögel kamen und fraßen es auf."

Josef antwortete: „Das ist die Deutung: Die drei Körbe sind drei Tage. Noch drei Tage, dann wird der Pharao dich rufen lassen. Man wird dich an einem Baum aufhängen und die Vögel werden dein Fleisch abfressen."

Drei Tage später hatte der Pharao Geburtstag und feierte mit allen seinen Hofleuten ein Festmahl. Da ließ er den Mundschenk und den Hofbäcker zu sich rufen. Dem Mundschenk gab er sein Amt zurück; er durfte ihm wieder den Becher reichen. Den Hofbäcker aber ließ er aufhängen.

Alles geschah so, wie Josef es ihnen gesagt hatte.

Der Mundschenk aber dachte nicht mehr an Josef und vergaß ihn.

Die Träume des Pharao

16 Zwei Jahre später hatte der *Pharao einen Traum: Er stand am Nil. Da stiegen aus dem Fluss sieben schöne, kräftige Kühe und fraßen das
Gen 41,1–36 Gras am Ufer ab. Nach ihnen stiegen sieben andere Kühe aus dem Nil. Sie sahen hässlich aus und waren mager. Und die sieben hässlichen, mageren Kühe fraßen die sieben schönen, kräftigen Kühe auf.

Da erwachte der Pharao. Er schlief aber wieder ein und träumte ein zweites Mal: An einem einzigen Halm wuchsen sieben Ähren. Sie waren voll und schön. Nach ihnen wuchsen sieben kümmerliche Ähren. Sie waren dürr und vom Ostwind ausgetrocknet. Und die sieben dürren Ähren verschlangen die sieben vollen Ähren.

Der Pharao wachte auf und war besorgt über seine Träume. Am Morgen ließ er alle Wahrsager und gelehrten Männer *Ägyptens rufen. Er erzählte ihnen seine Träume, aber keiner konnte sie ihm deuten. Da erinnerte sich der *Mundschenk an Josef im Gefängnis. Er erzählte dem Pharao, wie Josef ihm und dem Hofbäcker die Träume richtig gedeutet hatte.

Da ließ der Pharao Josef zu sich rufen und sagte zu ihm: „Ich hatte einen Traum, doch keiner kann ihn deuten. Von dir aber habe ich gehört, du brauchst einen Traum nur zu hören, dann kannst du ihn deuten."

Josef antwortete: „Nicht ich, sondern Gott wird zu deinem Wohl eine Antwort geben." Da erzählte der Pharao Josef seine Träume.

Josef sagte: „Die beiden Träume bedeuten das Gleiche. Gott sagt dir, was er vorhat. Die sieben schönen Kühe und die sieben vollen Ähren bedeuten sieben Jahre. In diesen ersten sieben Jahren wird es großen Reichtum in ganz Ägypten geben. Aber auch die sieben mageren Kühe und die sieben verdorrten Ähren bedeuten sieben Jahre. In diesen sieben Jahren wird es eine große Dürre geben. Da wird der ganze Reichtum vergehen und der Hunger wird das Land verwüsten. Deshalb suche dir einen klugen und weisen Mann und gib ihm Macht in ganz Ägypten. Er soll Aufseher über das Land bestimmen. Diese Aufseher sollen in den sieben guten Jahren einen Teil der Ernte sammeln. Sie sollen das Korn in den Speichern der Städte verwahren. So wird für die sieben Jahre der Hungersnot Ägypten nicht am Hunger zu Grunde gehen."

Josef rettet die Ägypter

17 Josefs Rede gefiel dem *Pharao und allen seinen Hofleuten. Da sprach der Pharao zu Josef: „Durch deinen Gott weißt du all diese Dinge.

Gen 41,37–57 Deshalb gibt es niemanden, der so klug und weise ist wie du. Du sollst der Erste sein an meinem Hof. Auf dein Wort soll mein ganzes Volk hören. Nur um den Thron will ich höher sein als du."

Und der Pharao nahm den *Siegelring von seiner Hand und steckte ihn Josef an den Finger. Er bekleidete ihn mit Gewändern aus feinstem Leinen und legte ihm eine goldene Kette um den Hals. So wurde Josef zum Herrn über *Ägypten. Er war zu dieser Zeit dreißig Jahre alt.

Josef ging vom Pharao weg und zog durch ganz Ägypten. Das Land brachte in den sieben guten Jahren überreiche Ernten. Deshalb ließ Josef große Vorräte an Brotgetreide im Lande sammeln und brachte sie in die Städte. Er speicherte so viel Korn wie Sand am Meer, so viel, dass man es nicht mehr messen konnte.

Die sieben Jahre des Reichtums in Ägypten gingen zu Ende. Und es begannen die sieben Jahre der Hungersnot, wie Josef es vorausgesagt hatte. Das Volk schrie zum Pharao nach Brot. Der Pharao aber sagte zu den Ägyptern: „Geht zu Josef und tut, was er euch sagt."

Da öffnete Josef alle Speicher und verkaufte Getreide an die Ägypter. Auch aus fremden Ländern kamen die Menschen nach Ägyptens um bei Josef Korn zu kaufen. Denn der Hunger wurde immer drückender auf der ganzen Erde.

Josefs Brüder reisen nach Ägypten

18 Jakob hörte, dass es in *Ägypten Getreide zu kaufen gab. Da sagte er zu seinen Söhnen: „Zieht hin und kauft dort Korn für uns, damit wir am

Gen 42,1–28 Leben bleiben und nicht sterben müssen." Zehn seiner Söhne zogen also nach Ägypten. Aber Benjamin, den Bruder Josefs, ließ Jakob nicht mit ihnen ziehen. Er fürchtete, dass ihm ein Unglück zustoßen könnte.

So kamen die Söhne Israels mit all den anderen vor Josef, um von ihm Getreide zu kaufen. Sie warfen sich vor ihm auf die Erde nieder. Als Josef seine Brüder sah, erkannte er sie. Aber er ließ es sich nicht anmerken, sondern fuhr sie unfreundlich an und fragte: „Wo kommt ihr her?"

"Aus *Kanaan, um Brotgetreide zu kaufen", sagten sie. Und sie erkannten ihn nicht.

Josef entgegnete ihnen: „Spione seid ihr! Ihr seid gekommen um herauszufinden, wo dieses Land eine schwache Stelle hat."

Sie antworteten ihm: „Nein, Herr! Um Brotgetreide zu kaufen sind wir gekommen. Wir sind ehrliche Leute. Zwölf Brüder waren wir, alle Söhne desselben Mannes in Kanaan. Der Jüngste ist bei unserem Vater geblieben. Und einer unserer Brüder lebt nicht mehr."

Josef aber sagte: „Es bleibt dabei. Spione seid ihr. Ich werde euch auf die Probe stellen. Beim Leben des *Pharao: Einer von euch Brüdern soll hier im Gefängnis bleiben. Ihr anderen geht mit dem gekauften Korn heim, damit eure Familien keinen Hunger leiden. Dann aber schafft mir euren jüngsten Bruder herbei. So werde ich sehen, ob ihr die Wahrheit gesprochen habt."

Da sagten die Brüder zueinander: „Ach ja, wir sind schuldig geworden an unserem Bruder Josef. Zur Strafe ist nun dieses Unglück über uns gekommen."

Sie ahnten aber nicht, dass Josef ihre Sprache verstand. Er hatte sich alle ihre Worte übersetzen lassen. Jetzt drehte er sich von ihnen weg und weinte. Dann ließ er Simeon festnehmen und vor ihren Augen fesseln.

Danach befahl Josef, die Kornsäcke seiner Brüder mit Getreide zu füllen. Auch ihr Geld sollte ihnen heimlich dazugelegt werden. So geschah es.

Die Brüder kamen zu ihrem Vater Jakob nach Kanaan zurück. Sie berichteten ihm alles, was ihnen zugestoßen war. Sie leerten ihre Getreidesäcke aus. Da merkten sie, dass in jedem noch der volle Geldbeutel lag. Als sie das sahen, bekamen sie Angst.

Ihr Vater Jakob aber sagte zu ihnen: „Ihr raubt mir meine Kinder! Josef lebt nicht mehr. Simeon ist nicht mehr da. Und Benjamin wollt ihr mir auch noch wegnehmen. Nein! Er soll nicht mit euch ziehen. Wenn ihm auf dem Weg ein Unglück geschieht, dann werde ich vor Kummer sterben."

Benjamin und Josef

19 Der Hunger drückte immer noch das Land nieder. Da sagte Jakob zu seinen Söhnen: „Geht noch einmal hin und kauft uns Brotgetreide."

Gen 43,1–34 Juda antwortete ihm: „Nur wenn du den Benjamin mit uns schickst, ziehen wir nach *Ägypten und kaufen Korn."

Da sagte *Israel: „Warum nur habt ihr diesem Mann gesagt, dass ihr noch einen Bruder habt?"

Sie antworteten: „Der Mann hat sich genau erkundigt und gefragt: ‚Lebt euer Vater noch? Habt ihr noch einen Bruder?' Konnten wir denn wissen, dass er sagen würde: ‚Bringt euren Bruder her!'?"

Juda sagte: „Lass Benjamin mit uns ziehen. Ich bin dein *Bürge für ihn. Aus meiner Hand kannst du ihn zurückfordern."

Da sagte ihr Vater Israel zu ihnen: „Nehmt von den kostbarsten Waren unseres Landes mit. Macht sie dem Mann zum Geschenk. Nehmt auch den doppelten Kaufpreis mit. Gebt mit eigenen Händen das Geld zurück, das noch in euren Kornsäcken war. Vielleicht war es ja ein Versehen. So nehmt denn euren jüngsten Bruder mit. Und Gott lasse euch *Gnade finden bei dem Mann, damit er euch Simeon und Benjamin freigibt. Ich aber werde allein sein ohne alle meine Kinder."

Sie machten sich auf, zogen nach Ägypten und traten vor Josef hin. Als Josef den Benjamin bei ihnen sah, sagte er zu seinem Verwalter: „Führe diese Männer in mein Haus und bereite uns ein Essen zu." Der Verwalter tat, was Josef befohlen hatte.

Als Josef ins Haus kam, gaben sie ihm ihre Geschenke. Sie warfen sich vor ihm auf die Erde nieder. Er fragte sie: „Geht es eurem alten Vater gut, von dem ihr erzählt habt? Ist er noch am Leben?"

Sie antworteten: „Deinem Knecht, unserem Vater, geht es gut. Er lebt noch."

Als Josef seinen Bruder Benjamin sah, den Sohn seiner Mutter Rahel, fragte er: „Ist das euer jüngster Bruder, von dem ihr mir erzählt habt?" Und weiter sagte er: „Gottes *Gnade sei mit dir, mein Sohn."

Dann ging Josef schnell hinaus. Denn das Wiedersehen mit seinem Bruder rührte ihn so sehr, dass er seine Tränen nicht mehr zurückhalten konnte. Er ging in sein Zimmer um sich dort auszuweinen. Dann wusch er sein Gesicht und kam zurück zu seinen Brüdern. Er befahl: „Bringt das Essen herbei." Und er ließ die Brüder nach ihrem Alter die Plätze am Tisch einnehmen. Ruben, der Älteste, bekam den ersten Platz und Benjamin, der Jüngste, den letzten. Da blickten sich die Brüder verwundert an. Sie aßen und tranken mit Josef und waren fröhlich.

Benjamin in Gefahr

Josef befahl seinem Verwalter: „Fülle die Getreidesäcke der Männer mit so viel Korn, wie sie tragen können. Lege auch das Geld von jedem wieder zurück. Meinen silbernen Becher aber lege in den Kornsack des Jüngsten." Der Verwalter tat, was Josef befohlen hatte. 20 *Gen 44,1–34*

Als es am Morgen hell wurde, ließ man die Brüder mit ihren Eseln abreisen. Sie waren noch nicht weit gekommen, da sagte Josef zu seinem Verwalter: „Auf, jage hinter den Männern her. Wenn du sie eingeholt hast, sollst du ihnen sagen: ‚Warum habt ihr Gutes mit Bösem belohnt und den Silberbecher meines Herrn gestohlen?' "

Der Verwalter holte die Brüder ein und sagte, was Josef ihm aufgetragen hatte. Die Brüder aber antworteten ihm: „Niemals würden wir so etwas tun. Der von uns, bei dem sich der Becher findet, soll sterben. Und wir alle werden die *Sklaven deines Herrn sein."

Jeder stellte eiligst seinen Sack auf die Erde und öffnete ihn. Der Silberbecher fand sich im Sack Benjamins. Da zerrissen sie ihre Kleider und kehrten in die Stadt zurück. Sie kamen wieder in das Haus Josefs und fielen vor ihm zur Erde nieder. Josef sagte zu ihnen: „Was habt ihr getan?"

Juda antwortete ihm: „Was sollen wir zu unserer Entschuldigung sagen? Gott hat unsere Schuld ans Licht gebracht. Deshalb werden wir

alle deine Sklaven sein." Doch Josef antwortete: „Nur derjenige soll mein Sklave sein, bei dem der Becher gefunden wurde. Ihr anderen aber zieht in Frieden zurück zu eurem Vater."

Da trat Juda an ihn heran und sprach: „Mein Herr, als wir Benjamin mit nach Ägypten nahmen, sagte unser alter Vater: ‚Ihr wisst, dass mir Rahel zwei Söhne geboren hat. Einer von ihnen ist tot; ein wildes Tier hat ihn zerrissen. Nun nehmt ihr mir auch noch den zweiten weg. Wenn ihm ein Unglück zustößt, werde ich vor Kummer sterben.' Ich aber", sagte Juda weiter, „bin der *Bürge für Benjamin. Darum will ich an seiner Stelle hier bleiben als dein Sklave. Denn wie könnte ich zu meinem Vater zurückkommen ohne ihn? Ich könnte es nicht ertragen, sein Unglück anzusehen."

Josef gibt sich zu erkennen

21 Josef konnte sich vor den Leuten in seinem Haus nicht länger beherrschen. Deshalb rief er seinen Dienern zu: „Geht alle hinaus!" Dann

Gen 45,1–15 begann er laut zu weinen und sagte zu seinen Brüdern: „Ich bin Josef! Ist mein Vater noch am Leben?"

Seine Brüder waren bis ins Herz erschüttert. Sie standen stumm vor ihm. Josef sagte: „Kommt doch näher. Ich bin es wirklich. Ich bin Josef, euer Bruder, den ihr nach *Ägypten verkauft habt. Seid nicht mehr traurig und macht euch keine Vorwürfe. Denn Gott hat mich hierher geschickt, damit ich euer Leben retten kann. Zieht eilig zurück zu meinem Vater und sagt ihm: Das lässt dir dein Sohn Josef ausrichten: ‚Gott hat mich zum Herrn für ganz Ägypten gemacht. Komm zu mir und lass dich nicht aufhalten! Du kannst in meiner Nähe im Land *Goschen wohnen. Komm mit deinen Kindern und deinen Enkeln, mit deinen Schafen, Ziegen und deinen Rindern und mit allem, was dir gehört.' "

Und Josef fiel seinem Bruder Benjamin um den Hals und weinte und auch Benjamin weinte an seiner Schulter. Dann umarmte und küsste Josef weinend alle seine Brüder. Und sie saßen zusammen und redeten lange miteinander.

Jakob zieht nach Ägypten

Als Jakob hörte, dass sein Sohn Josef noch lebte, machte er sich auf den Weg nach *Ägypten. Er kam mit den Seinen in das Gebiet von *Goschen. Josef zog seinem Vater entgegen. Als er ihn sah, fiel er ihm um den Hals und weinte lange. Jakob aber sagte zu Josef: „Jetzt will ich gern sterben. Denn ich habe dein Angesicht wiedergesehen und weiß, dass du lebst."

22

Gen 46,1–47,28
Gen 50,15–21

Die Kinder Israels ließen sich in Ägypten nieder. Sie waren fruchtbar und vermehrten sich sehr.

Jakob lebte noch siebzehn Jahre in *Ägypten. Dann starb er. Da sagten die Brüder zueinander: „Hoffentlich wird Josef uns jetzt nicht zum Feind. Er könnte sich rächen für all das Böse, das wir ihm angetan haben." Deshalb schickten sie einen Boten zu Josef und ließen ihm ausrichten: „Unser Vater hat vor seinem Tode gesagt: ‚Sprecht so zu Josef: Vergib doch deinen Brüdern ihre Schuld, denn Böses haben sie dir angetan. Nun aber verzeihe ihnen ihre Untat, denn sie dienen dem gleichen Gott wie dein Vater.' "

Josef aber antwortete ihnen: „Fürchtet euch nicht. Ihr habt Böses gegen mich geplant, aber Gott hat es zum Guten gewendet. Durch mich hat er viele Menschen gerettet. Nun aber habt keine Angst! Ich will für euch und eure Kinder sorgen."

Die Israeliten werden unterdrückt

23

Ex 1,1–22

Josef und alle seine Brüder waren gestorben. Aber die Kinder *Israels waren fruchtbar und vermehrten sich. Sie wurden immer zahlreicher und bevölkerten das ganze Land. Da kam in *Ägypten ein neuer König an die Macht, der nichts mehr von Josef wusste. Er sagte zu seinem Volk: „Seht euch die *Israeliten an. Sie sind größer und stärker geworden als wir. Wir müssen dafür sorgen, dass sie sich nicht weiter vermehren. Wenn es Krieg gibt, könnten sie mit unseren Feinden gegen uns kämpfen."

Der *Pharao bestimmte deshalb *Fronvögte über die Israeliten. Sie sollten sie mit schwerer Arbeit bedrücken. Aber je mehr man sie unterdrückte, umso stärker vermehrten sie sich. Da packte die Ägypter die Angst und sie machten den Kindern Israels das Leben schwer. Sie ließen sie aus Lehm Ziegel formen. Sie mussten sich auf den Feldern abplagen und alle Arten von *Sklavenarbeit verrichten.

Zu den beiden *hebräischen Hebammen Schifra und Pua sagte der Pharao: „Wenn ihr den Frauen eures Volks bei der Geburt ihrer Kinder helft, dann sollt ihr es so machen: Ist es ein Junge, dann lasst ihn sterben. Ist es ein Mädchen, dann kann es am Leben bleiben."

Die Hebammen aber hatten Ehrfurcht vor Gott. Sie taten nicht, was der Pharao gesagt hatte, sondern ließen die Kinder am Leben. Da rief der Pharao sie zu sich und fragte: „Warum widersetzt ihr euch und lasst die neugeborenen Jungen am Leben?" Die Hebammen antworteten: „Bei den Hebräerinnen sind die Geburten leicht und rasch. Ihre Kinder sind schon geboren, wenn wir zu ihnen kommen." Und Gott verhalf den Hebammen zu Glück und segnete sie.

Da gab der Pharao seinem ganzen Volk den Befehl: „Alle neugeborenen Jungen der *Hebräer sollt ihr in den Nil werfen."

Mose wird gerettet

24
Ex 2,1–10

In dieser Zeit heiratete ein Mann aus dem *Stamme Levi eine Frau aus dem gleichen Stamm. Sie wurde schwanger und brachte einen Sohn zur Welt. Weil sie ihr Kind liebte, versteckte sie es vor den *Ägyptern drei Monate lang. Schließlich konnte sie es nicht länger verbergen. Sie nahm ein Kästchen, das aus *Papyrus geflochten war. Das bestrich sie mit *Pech und Teer und machte es wasserdicht. Dann legte sie das Kind dort hinein und setzte es am Ufer des Nils in das Schilf. Mirjam aber, die Schwester des Jungen, blieb in seiner Nähe. Sie wollte sehen, was mit ihm geschehen würde.

Die Tochter des *Pharao kam mit ihren Dienerinnen herab, um im Nil zu baden. Sie sah das Kästchen im Schilf und ließ es durch eine

Dienerin herbeiholen. Als sie es öffnete, lag ein weinendes Kind darin. Da bekam sie Mitleid mit ihm und sagte: „Das ist eines von den *Hebräerkindern."

Darauf sagte Mirjam zur Tochter des Pharao: „Soll ich bei den Hebräerinnen eine Amme suchen, damit sie das Kind stillt?" Die Tochter des Pharao antwortete: „Ja, geh!" Da ging Mirjam und holte ihre Mutter herbei. Und die Tochter des Pharao sagte zu ihr: „Nimm das Kind mit und nähre es an deiner Brust. Ich werde dich dafür bezahlen."

Und die Mutter des Kindes nahm ihren Sohn mit und stillte ihn.

Als der Junge größer geworden war, brachte sie ihn zur Tochter des Pharao. Diese nahm ihn als ihren eigenen Sohn an und gab ihm den Namen Mose.

Mose erschlägt einen Ägypter

25

Ex 2,11–22

Die Jahre vergingen und Mose wurde erwachsen. Eines Tages ging er hinaus zu den *Israeliten und betrachtete ihre *Sklavenarbeit. Da sah er, wie ein *Ägypter einen Israeliten totschlug. Darauf erschlug Mose den Ägypter und verscharrte seinen Leichnam im Sand.

Der *Pharao hörte von dieser Sache und wollte Mose töten. Mose aber entkam ihm und floh nach *Midian. Der Priester von Midian hieß Jitro. Er hatte sieben Töchter, die seine Herden hüteten. Als Mose sich an einem *Brunnen ausruhte, kamen die Töchter Jitros. Sie wollten Wasser schöpfen, um die Schafe und Ziegen ihres Vaters zu tränken. Aber fremde Hirten kamen und vertrieben die Mädchen vom Brunnen. Da stand Mose auf und kam ihnen zu Hilfe. Als Jitro davon erfuhr, ließ er Mose einladen sein Gast zu sein.

Mose blieb bei Jitro und dieser gab ihm seine Tochter Zippora zur Frau. Zippora schenkte Mose einen Sohn. Er gab ihm den Namen Gerschom.

Der brennende Dornbusch

26
Ex 2,23–3,5

Noch immer stöhnten die *Israeliten unter der *Sklavenarbeit. Ihre Hilferufe stiegen zu Gott empor. Da dachte Gott an seinen *Bund, den er mit Abraham, Isaak und Jakob geschlossen hatte. Gott sah auf die Söhne Israels und gab sich ihnen zu erkennen:

Mose weidete in *Midian die Schafe und Ziegen seines Schwiegervaters Jitro. Eines Tages trieb er das Vieh weit hinaus und kam zum Gottesberg *Horeb. Da sah er einen Dornbusch, der in Flammen stand. Der Busch brannte, aber trotzdem verbrannte er nicht.

Mose sagte zu sich: „Ich will hingehen und es mir genauer ansehen. Warum verbrennt denn der Dornbusch nicht?"

Als der Herr sah, dass Mose näher kam, rief Gott ihm aus dem Dornbusch zu: „Mose, Mose!"

Er antwortete: „Hier bin ich."

Der Herr sagte: „Komm nicht näher heran! Zieh deine Schuhe aus, denn dieser Ort ist heiliger Boden."

Gott offenbart seinen Namen

27
Ex 3,6–15

Dann sprach der Herr: „Ich bin der Gott deines Vaters, der Gott Abrahams, der Gott Isaaks und der Gott Jakobs."

Da bedeckte Mose sein Gesicht. Er fürchtete sich Gott anzuschauen. Und der Herr sprach: „Ich habe die Not meines Volkes *Israel gesehen und ich kenne sein Leid. Ich werde die Menschen aus der Hand der *Ägypter befreien und sie in ein schönes weites Land führen. Ich werde ihnen das Land *Kanaan geben. Das ist ein Land, in dem Milch und Honig fließen. Und jetzt geh! Ich schicke dich zum *Pharao, denn du sollst mein Volk aus Ägypten herausführen."

Mose antwortete: „Wer bin ich denn schon? Wie kann ich zum Pharao gehen und die *Israeliten aus Ägypten herausführen?"

Gott aber sagte: „Ich sende dich und ich beschütze dich. Du wirst mein Volk aus Ägypten herausführen. Dann werdet ihr mich an diesem Berg anbeten." Da sagte Mose: „Gut. Ich werde also zu den Israeliten kommen und ihnen sagen: ‚Der Gott eurer Väter hat mich zu euch geschickt.' Dann werden sie mich fragen: ‚Wie heißt denn dieser Gott?' Welche Antwort soll ich ihnen darauf geben?"

Da antwortete Gott dem Mose: „Ich bin der ‚Ich-bin-da'."

Und er fuhr fort: „So sollst du zu den Israeliten sagen: Der ‚Ich-bin-da' hat mich zu euch geschickt." Und weiter sprach Gott zu Mose: „Sag den Israeliten: *JAHWE, der Gott eurer Väter, der Gott Abrahams, der Gott Isaaks und der Gott Jakobs, hat mich zu euch geschickt.' Das ist mein Name für immer. So wird man mich nennen in allen Zeiten."

Die Sklavenarbeit wird schwerer

28

Ex 5,1–19

Mose und sein Bruder Aaron gingen zum *Pharao und sagten: „So spricht *JAHWE, der Gott *Israels: ‚Lass mein Volk ziehen!'" Der Pharao antwortete ihnen: „Wer ist JAHWE? Ich kenne ihn nicht. Und ich denke nicht daran, Israel ziehen zu lassen."

Und noch am selben Tag gab er den *Fronvögten diesen Befehl: „Ihr sollt den Israeliten kein Stroh mehr geben, damit sie es unter den Lehm für die Ziegel mischen. Sie selbst sollen sich jetzt das Stroh besorgen. Und trotzdem müssen sie an jedem Tag genauso viele Ziegel abliefern wie vorher." Da sagten die Fronvögte zu den *hebräischen Aufsehern: „Der Pharao gibt euch kein Stroh mehr. Geht selbst und besorgt es, wo ihr es finden könnt." Die Israeliten zogen also durch ganz *Ägypten, um Stroh für die Ziegel zu besorgen. Sie konnten deshalb nicht mehr so viele Ziegel abliefern wie früher. Und die Fronvögte schlugen die hebräischen Aufseher und bestraften sie. Die Aufseher gingen zum Pharao, um sich zu beklagen. Sie fragten ihn: „Warum tust du deinen *Sklaven so etwas an?"

Aber der Pharao antwortete ihnen: „Faul seid ihr! Faul! Fort mit euch und tut eure Arbeit."

Gott schickt Unheil über Ägypten

29

Ex 5,20–23
Ex 9,13–35

Als die Aufseher vom *Pharao kamen, trafen sie Mose und Aaron. Sie sagten zu ihnen: „Der Herr soll euch bestrafen! Durch euch sind wir beim Pharao und bei seinen Dienern verhasst. Ihr seid Schuld daran, wenn sie uns zu Tode quälen."

Da wandte sich Mose an den Herrn und sagte: „Wozu hast du mich gesandt? Ich habe in deinem Namen zum Pharao geredet und jetzt behandelt er die *Israeliten noch schlechter als vorher. Du aber hast dein Volk nicht gerettet."

Darauf sprach der Herr zu Mose: „Geh zum Pharao und sag zu ihm: ‚So spricht *JAHWE, der Gott der Hebräer: Lass mein Volk ziehen! Wenn du es nicht tust, lasse ich ein schweres Hagelwetter über *Ägypten kommen. Es wird so schlimm sein, wie es noch keines gegeben hat. Lass deine Leute all ihr Vieh und all ihre Habe in Sicherheit bringen. Denn alles, was nicht unter Dach gebracht ist, wird der Hagel erschlagen.'"

Wer sich vor dem Herrn fürchtete, brachte seine Knechte und sein Vieh unter Dach. Wer aber dem Wort des Herrn nicht glaubte, ließ seine Knechte und sein Vieh auf dem Feld. Und der Herr sprach zu Mose: „Strecke deine Hand zum Himmel empor! Dann wird der Hagel auf ganz Ägypten niedergehen."

Mose streckte seinen Stab zum Himmel empor. Da ließ der Herr es donnern und Blitze fuhren auf die Erde hinunter. Schwerer Hagel prasselte herab. Er war so schwer, wie es ihn in ganz Ägypten noch nie gegeben hatte. Der Hagel erschlug Menschen und Vieh. Er zerstörte alle Pflanzen auf dem Feld und zerbrach alle Bäume.

Nur im Land *Goschen, wo die Israeliten lebten, hagelte es nicht. Da ließ der Pharao Mose und Aaron rufen und sagte zu ihnen: „JAHWE ist im Recht. Ich aber und mein Volk sind im Unrecht. Betet zu eurem Gott! Ich werde euch ziehen lassen."

Mose verließ den Pharao. Er ging aus der Stadt hinaus und breitete seine Hände vor dem Herrn aus. Da hörte der Donner auf und kein Hagel und kein Regen fielen mehr auf die Erde. Der Pharao sah, dass Regen, Hagel und Donner aufgehört hatten. Da blieben er und seine Diener bei ihrer Sünde. Sie verschlossen wieder ihre Herzen. Das Herz des Pharao blieb hart und er ließ die Israeliten nicht ziehen.

Pascha

30

Ex 12,1–13,10

Der Herr sprach zu Mose und Aaron: „Dieser Monat soll für euch der erste Monat des Jahres sein. Am zehnten Tag dieses Monats soll jeder ein Lamm für seine Familie holen. Nur ein fehlerfreies, männliches, einjähriges Lamm darf es sein. Bewahrt es bis zum vierzehnten Tag dieses Monats auf. Am Abend soll die ganze Gemeinde Israel die Lämmer schlachten. Dann nehmt etwas von dem Blut. Streicht es auf die beiden Türpfosten und auf die Türschwelle eurer Häuser. Noch in der gleichen Nacht sollt ihr das Fleisch essen. Über dem Feuer gebraten, zusammen mit bitteren Kräutern sollt ihr es essen. Und so sollt ihr es essen: Mit einem Gürtel um eure Hüften, mit Schuhen an den Füßen und mit dem Stab in der Hand. Esst es hastig! Es ist die *Paschafeier für den Herrn.

Denn in dieser Nacht gehe ich durch *Ägypten. Ich erschlage alle *Erstgeborenen bei den Menschen und beim Vieh. Das Blut an euren Häusern soll euch schützen. Wenn ich es sehe, werde ich an euch vorübergehen. So wird das Unheil euch nicht treffen, wenn ich in Ägypten dreinschlage."

Die Israeliten taten alles, was der Herr befohlen hatte. Es war Mitternacht, da tötete der Herr alle Erstgeborenen in Ägypten. Er erschlug den Erstgeborenen des *Pharao genauso wie den Erstgeborenen des Gefangenen im Kerker. Und er erschlug jede Erstgeburt beim Vieh. Da tönte ein großes Klagen durch ganz Ägypten. Denn es gab kein Haus, in dem kein Toter lag.

Der Pharao ließ Mose und Aaron noch in der Nacht rufen und sagte: „Auf! Verlasst mein Volk, ihr beide und alle Israeliten. Geht und betet *JAHWE an, wie ihr es gesagt habt."

Und die Ägypter drängten sie dazu, das Land eilig zu verlassen. Sie sagten: „Sonst kommen wir noch alle ums Leben."

Da brachen die Israeliten auf. Es waren an die sechshunderttausend Männer, dazu noch die Frauen und Kinder. Auch ein großer Haufen anderer Leute zog mit. Den Brotteig nahmen sie in Backschüsseln mit. Er war noch nicht durchsäuert, weil sie so rasch aufbrechen mussten.

Mose sagte zum Volk: „Vergesst niemals diesen Tag, an dem der Herr euch aus dem *Sklavenhaus befreit hat. Wenn euch der Herr nach *Kanaan geführt hat, dann sollt ihr diesen Monat feiern. Sieben Tage lang sollt ihr ungesäuerte Brote essen. Und am siebten Tag sollt ihr ein Fest feiern zur Ehre des Herrn. Dann sagt zu euren Kindern: ‚Dieses Fest feiern wir als Dank für den Herrn. Denn er hat uns mit starker Hand aus Ägypten herausgeführt. Für immer sollt ihr euch an diese Vorschrift halten, Jahr für Jahr, zur festgesetzten Zeit!' "

Der Pharao verfolgt die Israeliten

31

Ex 13,17–14,9

Als der *Pharao das Volk ziehen ließ, führte der Herr sie durch die Wüste zum *Schilfmeer. In geordnetem Zug zogen sie aus *Ägypten fort. Mose nahm die Gebeine Josefs mit. Der Herr zog vor ihnen her. Am Tag zeigte er ihnen in einer Wolkensäule den Weg. Bei Nacht leuchtete er ihnen in einer Feuersäule. So konnten sie Tag und Nacht unterwegs sein.

Der Pharao erfuhr, dass die *Israeliten weggezogen waren. Da änderten er und seine Diener ihre Meinung. Sie sagten zueinander: „Wie konnten wir sie nur aus unserem Dienst entlassen!"

Der Pharao ließ die Pferde vor seinen *Streitwagen spannen und nahm seine Leute mit. Sechshundert besonders kostbare Streitwagen nahm er, dazu auch alle übrigen. Auf jedem Wagen waren drei Männer. Der Herr machte das Herz des Pharao hart, sodass er den Israeliten nachjagte. Die Israeliten aber zogen voll Vertrauen weiter. Die Ägypter jagten mit ihrer ganzen Streitmacht hinter ihnen her. Sie holten die Israeliten ein, als diese gerade am Meer ihr Lager aufgeschlagen hatten.

Gott führt sein Volk durch das Meer

32
Ex 14,10–31

Als der *Pharao näher kam, blickten die *Israeliten auf. Da erschraken sie sehr und schrien zum Herrn. Zu Mose sagten sie: „Gab es nicht genug Gräber für uns in *Ägypten? Musstest du uns zum Sterben in die Wüste holen? Was hast du uns da angetan? Warum hast du uns aus Ägypten herausgeführt?"

Mose aber sagte zum Volk: „Fürchtet euch nicht! Bleibt stehen und seht selbst, wie der Herr euch heute rettet."

Der Herr sprach zu Mose: „Warum schreist du zu mir? Sag den Israeliten, sie sollen aufbrechen. Und du heb deinen Stab hoch. Strecke deine Hand über das Meer und zerteile es. Dann werden die Israeliten auf trockenem Boden in das Meer hineinziehen können. Ich aber will das Herz der Ägypter hart machen, damit sie hinter ihnen ins Meer ziehen. So werde ich dem Pharao und seiner ganzen Streitmacht zeigen, dass ich der Herr bin."

Mose streckte die Hand über das Meer aus. Da schickte der Herr einen starken Ostwind. Der trieb die ganze Nacht lang das Wasser auseinander. Er ließ das Meer austrocknen und es teilte sich. Die Israeliten zogen auf trockenem Boden ins Meer. Rechts und links von ihnen stand das Wasser wie eine Mauer. Die Ägypter verfolgten sie. Alle Pferde, alle *Streitwagen und alle Reiter des Pharao zogen hinter ihnen ins Meer hinein.

Darauf sprach der Herr zu Mose: „Strecke deine Hand über das Meer, damit die Wasserfluten zurückkommen. Sie werden den Pharao und seine Reiter zudecken." Mose streckte seine Hand aus über das Meer. Gegen Morgen kehrte das Meer an seinen alten Platz zurück. Die Ägypter aber liefen ihm auf der Flucht entgegen. So trieb der Herr sie mitten ins Meer. Nicht ein Einziger von ihnen blieb übrig. Am Morgen sahen die Israeliten die Ägypter tot am Strand liegen.

Da fürchtete das Volk den Herrn. Sie glaubten an ihn und sie vertrauten Mose, seinem Knecht.

Lied der Mirjam

Die *Israeliten waren auf trockenem Boden durch das Meer gezogen. Deshalb sangen sie dem Herrn zum Dank ein Lied. 33

Die *Prophetin Mirjam war die Schwester von Mose und Aaron. *Ex 15*
Sie nahm ihre Pauke in die Hand und alle Frauen zogen mit Paukenschlag und Tanz hinter ihr her. Mirjam sang ihnen vor:

„Singt dem Herrn ein Lied,
denn er ist groß und mächtig,
Rosse und Wagen warf er ins Meer."

Brot vom Himmel

34
Ex 16

Die ganze Gemeinde der Israeliten brach auf und kam nach einiger Zeit in die Wüste Sin. Dort waren alle empört und murrten gegen Mose und Aaron. Sie sagten zu ihnen: „Wären wir doch in Ägypten durch die Hand des Herrn gestorben! Dort saßen wir an den Fleischtöpfen und hatten genug Brot zu essen. Ihr habt uns nur deshalb in diese Wüste geführt, damit wir hier vor Hunger sterben."

Da sagten Mose und Aaron zu allen Israeliten: „Heute Abend sollt ihr erfahren, dass es der Herr ist, der euch aus Ägypten geführt hat. Und morgen werdet ihr die Herrlichkeit des Herrn schauen, denn er hat euer Murren gegen ihn gehört."

Dann sagte Mose zu Aaron: „Sag der ganzen Gemeinde der Israeliten: Tretet hin vor den Herrn, denn er hat euer Murren gehört."

Während Aaron zur ganzen Gemeinde der Israeliten sprach, erschien plötzlich in der Wolke die Herrlichkeit des Herrn. Der Herr sprach zu Mose: „Ich habe das Murren der Israeliten gehört. Sag ihnen: Am Abend werdet ihr Fleisch zu essen haben und am Morgen werdet ihr satt sein von Brot. Und ihr werdet erkennen, dass ich, der Herr, euer Gott bin."

Am Abend kamen die *Wachteln und bedeckten das Lager. Am Morgen lag eine Schicht von Tau rings um das Lager. Als sich der Tau gehoben hatte, lag auf dem Wüstenboden etwas Feines, Knuspriges. Es war fein wie Reif. Als das die Israeliten sahen, sagten sie zueinander: „Was ist das?" Denn sie wussten nicht, was es war.

Da sagte Mose zu ihnen: „Das ist das Brot, das der Herr euch zu essen gibt. Das befiehlt der Herr: Sammelt davon so viel, wie jeder zum Essen braucht. Ihr sollt ein *Gomer für jeden sammeln."

Die Israeliten taten es. Und sie sammelten ein, der eine viel, der andere wenig. Sie maßen die *Gomer ab. Wer viel gesammelt hatte, hatte keinen Überschuss. Wer wenig gesammelt hatte, dem fehlte nichts. Jeder hatte so viel gesammelt, wie er zum Essen brauchte. Mose sagte zu ihnen: „Davon darf bis zum Morgen niemand etwas übrig lassen." Doch sie hörten nicht auf Mose, sondern einige ließen etwas bis zum Morgen übrig. Doch es wurde wurmig und stank. Da geriet Mose in Zorn über sie.

Am sechsten Tag sammelten sie die doppelte Menge Brot, zwei Gomer für jeden. Da kamen die Oberhäupter der Familien und berichteten es Mose. Er sagte zu ihnen: „Es ist so, wie der Herr gesagt hat: Morgen ist Feiertag, heiliger *Sabbat zur Ehre des Herrn. Backt, was ihr backen wollt, und kocht, was ihr kochen wollt. Den Rest bewahrt auf bis morgen früh!"

Sie bewahrten es also auf bis zum Morgen, wie Mose es befohlen hatte. Und es faulte nicht und wurde nicht madig. Da sagte Mose: „Esst es heute, denn heute ist Sabbat zur Ehre des Herrn. Sechs Tage dürft ihr es sammeln. Am siebten Tag ist Sabbat; da findet ihr nichts."

Am siebten Tag gingen trotzdem einige hinaus um zu sammeln. Sie fanden aber nichts.

Da sprach der Herr zu Mose: „Wie lange noch wollt ihr meine Gebote und Anweisungen nicht befolgen? Ihr seht, der Herr hat euch den Sabbat gegeben. Deshalb gibt er euch auch am sechsten Tag Brot für zwei Tage. Am siebten Tag soll niemand seinen Platz verlassen."

Das Volk ruhte also am siebten Tag. Die Israeliten nannten das Brot Manna. Es war weiß und schmeckte wie Honigkuchen.

Die Israeliten aßen das Manna vierzig Jahre lang. Sie aßen Manna, bis sie die Grenze von Kanaan erreichten.

Gott erscheint am Berg Sinai

35

Ex 19,1–19

Im dritten Monat nach dem Auszug aus *Ägypten kamen die *Israeliten in die Wüste *Sinai. Sie schlugen dort ihr Lager auf, gegenüber dem Gottesberg. Mose stieg zu Gott hinauf. Da rief ihm der Herr vom Berg her zu: „Das sollst du den Israeliten verkünden: Ihr habt gesehen, was ich den Ägyptern angetan habe. Ihr wisst: Wie ein Adler seine Jungen auf seinen Flügeln trägt, so habe ich euch hierher gebracht. Jetzt aber hört auf meine Stimme! Wenn ihr meinem *Bund treu bleibt, werdet ihr unter allen Völkern mein besonderes Eigentum sein. Ihr sollt zu mir gehören als ein Reich von *Priestern und als ein heiliges Volk."

Mose ging und rief die *Ältesten des Volkes zusammen. Er berichtete ihnen alles, was der Herr ihm gesagt hatte. Da antwortete das ganze Volk wie mit einer Stimme: „Wir wollen alles tun, was der Herr gesagt hat."

Und weiter sprach der Herr zu Mose: „Das Volk soll sich heute und morgen würdig vorbereiten. Sie sollen ihre Kleider waschen und sich für den dritten Tag bereithalten. Am dritten Tag nämlich werde ich vor den Augen des ganzen Volkes auf den Sinai herabsteigen."

Im Morgengrauen des dritten Tags begann es zu donnern und zu blitzen. Schwere Wolken lagen über dem Berg und es erklang der Schall gewaltiger Posaunen. Das ganze Volk begann zu zittern. Mose führte sie aus dem Lager hinaus, Gott entgegen. Unten am Berg blieben sie stehen. Der ganze Sinai war in Rauch eingehüllt, denn der Herr war im Feuer auf ihn herabgestiegen. Der Rauch stieg auf wie Rauch aus einem glühenden Ofen, in dem Eisen geschmolzen wird. Der ganze Berg bebte. Und der Schall der Posaunen wurde immer lauter.

Mose redete zum Herrn und Gott antwortete im Donner.

Gott gibt seinem Volk die Zehn Gebote

36

Ex 20,1–17

Am Berg *Sinai sprach Gott zu seinem Volk diese Worte: „Ich bin *JAHWE, dein Gott, der dich aus *Ägypten geführt hat, aus dem *Sklavenhaus.

Du sollst neben mir keine anderen Götter haben. Du sollst dir kein Gottesbild machen und keine Darstellung von irgendetwas am Himmel droben, auf der Erde unten oder im Wasser unter der Erde. Du sollst dich nicht vor anderen Göttern niederwerfen und dich nicht verpflichten ihnen zu dienen.

Du sollst den Namen des Herrn, deines Gottes, nicht missbrauchen; denn der Herr lässt den nicht ungestraft, der seinen Namen missbraucht.

Gedenke des *Sabbats: Halte ihn heilig! Sechs Tage darfst du schaffen und jede Arbeit tun. Der siebte Tag ist ein Ruhetag, dem Herrn, deinem Gott, geweiht. An ihm darfst du keine Arbeit tun.

Ehre deinen Vater und deine Mutter, damit du lange lebst in dem Land, das der Herr, dein Gott, dir gibt.

Du sollst nicht morden.

Du sollst nicht die Ehe brechen.

Du sollst nicht stehlen.

Du sollst nicht falsch gegen deinen Nächsten aussagen.

Du sollst nicht nach dem Haus deines Nächsten verlangen. Du sollst nicht nach der Frau deines Nächsten verlangen, nach seinem *Sklaven oder seiner Sklavin, seinem Rind oder seinem Esel oder nach irgendetwas, das deinem Nächsten gehört."

Das goldene Kalb

37

Ex 24,12.18
Ex 31,18–32,35

Der Herr sprach zu Mose: „Steige zu mir herauf auf den Berg und bleibe hier. Ich will dir Tafeln aus Stein geben, die ich geschrieben habe." Und Mose stieg auf den Berg. Er blieb dort vierzig Tage und vierzig Nächte. Und der Herr gab Mose den Vertrag des *Bundes. – Es waren zwei Tafeln aus Stein, auf die der Finger Gottes geschrieben hatte.

Das Volk aber wurde unruhig, als es merkte, dass Mose nicht zurückkam. Es versammelte sich um Aaron und sprach zu ihm: „Los! Mach uns einen Gott, der vor uns herzieht! Dieser Mose, der uns aus *Ägypten geführt hat, ist schon so lange fort. Wir wissen nicht, was mit ihm geschehen ist." Da sprach Aaron: „Nehmt euren Frauen, euren Söhnen und Töchtern die goldenen Ringe von den Ohren und bringt das Gold her zu mir!" Und das ganze Volk nahm den goldenen Schmuck und brachte ihn zu Aaron. Er nahm das Gold aus ihrer Hand, schmolz es ein und goss ein goldenes Kalb daraus. Da riefen die Leute: „Das ist dein Gott, Israel! Er hat dich aus Ägypten geführt."

Als Aaron das hörte, baute er vor dem Kalb einen Altar und rief: „Ein Fest für den Herrn wollen wir feiern!" – Danach, am nächsten Morgen, standen sie früh auf und brachten Opfer dar. Das Volk ließ sich nieder und aß und trank. Dann erhoben sich alle und feierten ein ausgelassenes Fest.

Zur gleichen Zeit kehrte Mose um und stieg vom Berg herab. Er näherte sich dem Lager der Israeliten. Da sah er das Stierbild und das wilde Treiben. Zorn stieg in ihm hoch. Er schleuderte die Tafeln weg und zertrümmerte sie am Fuß des Berges. Und er packte das Kalb, das sie sich gemacht hatten, und verbrannte es im Feuer. Mit den Füßen zertrat er die Asche. – Danach, am nächsten Morgen, sprach Mose zum Volk: „Ihr seid es gewesen! Schwere Schuld habt ihr auf euch geladen. Ich will aber wieder hinaufgehen zum Herrn. Vielleicht kann ich die Strafen für eure Sünden noch abwenden."

Mose kehrte zum Herrn zurück und sprach: „Ach, schwere Schuld hat dieses Volk auf sich geladen: Sie haben sich einen Gott aus Gold gemacht. Du aber, heb ihre Schuld auf. Wenn du das nicht willst, dann streiche auch mich aus dem Buch, das du geschrieben hast." Der Herr erwiderte: „Nur den, der gegen mich gesündigt hat, den streiche ich aus meinem Buch. Du aber geh! Führe das Volk weiter, wie ich es dir befohlen habe. Und ich bestimme den Tag, an dem ich sie für ihre Sünden bestrafen werde." Und der Herr strafte das Volk, weil es von Aaron verlangt hatte, ihm ein goldenes Kalb zu machen.

Lied der Hanna

38

1 Sam 1,1–28
1 Sam 2,1.4–5.7–8

In *Rama lebte ein Mann mit Namen Elkana. Er hatte zwei Frauen. Sie hießen Peninna und Hanna. Peninna hatte viele Söhne und Töchter, aber Hanna war kinderlos. Darüber war sie sehr traurig und sie weinte oft. Ihr Mann Elkana liebte sie sehr. Er tröstete sie und sprach: „Hanna, warum weinst du? Warum ist dein Herz betrübt? Bin ich dir nicht mehr wert als zehn Kinder?"

Hanna aber trat vor den Herrn und sprach: „Herr, sieh mein Elend an. Wenn du mir einen Sohn schenkst, so will ich ihn in dein Haus bringen. Er soll dir dienen für immer." Der Herr hörte auf ihr Gebet. Hanna wurde schwanger und brachte einen Sohn zur Welt. Sie gab ihm den Namen Samuel. Als Samuel nicht mehr an ihrer Brust trank, brachte Hanna ihn in das Haus des Herrn in *Schilo.
Damals sang Hanna dem Herrn dieses Danklied:

„Mein Herz ist voll Freude über den Herrn,
große Kraft gibt mir der Herr.
Weit öffnet sich mein Mund gegen meine Feinde;
denn ich freue mich über deine Hilfe.

Der Bogen der Helden wird zerbrochen,
die Wankenden aber gürten sich mit Kraft.
Die Satten verdingen sich um Brot,
doch die Hungrigen können feiern für immer.
Die Unfruchtbare bekommt sieben Kinder,
doch die Kinderreiche welkt dahin.

Der Herr macht arm und macht reich,
er erniedrigt und erhöht.
Den Schwachen hebt er empor aus dem Staub
und erhöht den Armen, der im Schmutz liegt;
er gibt ihm einen Sitz bei den Edlen,
einen Ehrenplatz weist er ihm zu."

David und Goliat

39
1 Sam 17,1–58

Die *Philister sammelten sich zum Kampf gegen *Israel. Da zogen auch die Israeliten mit ihrem König Saul zum Krieg aus. Die Heere schlugen ihr Lager an zwei Berghängen auf. Dazwischen lag ein Tal, in dem Eichen wuchsen.

Da trat aus dem Lager der Philister ein Kämpfer namens Goliat hervor. Er war sechs *Ellen und eine *Spanne groß. Er trug einen Helm und einen schweren Panzer aus Bronze. An seinen Beinen hatte er bronzene Schienen. Und als Waffen trug er ein Schwert und einen gewaltigen Speer. Goliat rief: „Wählt einen Mann aus euren Reihen! Er soll mit mir kämpfen. Wenn er mich besiegt, wollen wir eure Knechte sein. Wenn ich aber ihn erschlage, sollt ihr uns als Knechte dienen."

Als Saul und ganz Israel diese Worte hörten, erschraken sie und hatten große Angst. Niemand wagte es, gegen Goliat zu kämpfen. Und der Philister kam an jedem Morgen und jedem Abend. Vierzig Tage lang verhöhnte er die Israeliten.

David war der jüngste Sohn des Isai aus *Betlehem. Er hütete die Herden seines Vaters. Seine drei älteren Brüder waren zusammen mit Saul in den Krieg gezogen. Eines Tages sagte Isai zu David: „Nimm für deine Brüder geröstetes Korn und zehn Brote und bringe es ihnen ins Lager. Sieh nach, ob es ihnen gut geht."

David kam zu seinen Brüdern und redete mit ihnen. Da trat gerade wieder Goliat hervor und rief die gewohnten Worte. Als David das hörte, sagte er: „Wer ist denn dieser Philister? Wie kann er es wagen, die Kämpfer des lebendigen Gottes zu verhöhnen?"

Die Leute berichteten Saul von Davids Worten. Da ließ der König ihn zu sich holen. David sagte zu Saul: „Niemand soll den Mut verlieren wegen dieses Philisters. Ich will hingehen und mit ihm kämpfen." Da antwortete Saul: „Du bist noch zu jung um zu kämpfen. Dieser Philister ist seit vielen Jahren im Kriegsdienst geübt." David sagte zu Saul: „Ich habe für meinen Vater die Schafe gehütet. Oft kam ein Löwe oder ein Bär und wollte ein Lamm wegschleppen. Dann lief ich hinter ihnen her. Ich schlug auf sie ein und riss ihnen das Lamm aus dem

Maul. Und wenn sie mich angriffen, schlug ich sie tot. Ebenso will ich es mit diesem Philister machen. Er hat die Kämpfer des lebendigen Gottes verhöhnt."

Da antwortete Saul: „Geh! Der Herr sei mit dir."

Und Saul zog David seine eigene Rüstung an. Er setzte ihm den bronzenen Helm auf den Kopf und hängte ihm sein Schwert um. David aber konnte in dieser Rüstung nicht gehen. Darum sagte er: „Ich kann in diesen Sachen nicht kämpfen. Ich bin nicht daran gewöhnt." Deshalb legte er die Rüstung wieder ab und nahm seinen Stock in die Hand. Er suchte sich aus dem Bach fünf glatte Steine und legte sie in seine Hirtentasche. Dann nahm er seine Schleuder in die Hand und ging auf den Philister zu.

Goliat aber blickte voll Verachtung auf David und sagte: „Bin ich denn ein Hund, dass du mit einem Stock zu mir kommst?" Und er verfluchte David bei seinen Göttern. David antwortete ihm: „Du kommst zu mir mit Schwert und Speer. Ich aber komme zu dir im Namen Gottes, des Herrn, den du verhöhnt hast. Heute wird dich der Herr in meine Hand geben. Dann wird alle Welt erkennen, dass Israel einen Gott hat."

Der Philister kam näher heran. David lief ihm entgegen. Er griff in seine Hirtentasche. Er nahm einen Stein heraus und schleuderte ihn ab. Der Stein traf den Philister mitten in die Stirn. Goliat fiel mit dem Gesicht zu Boden. Dann lief David hin, zog das Schwert des Philisters aus der Scheide und schlug ihm den Kopf ab.

Als die Philister sahen, dass ihr stärkster Mann tot war, flohen sie. Die Israeliten aber griffen an. Sie erhoben ein Kriegsgeschrei, verfolgten die Philister bis in ihr Land. Und sie erschlugen viele von ihnen.

Salomos Bitte um Weisheit

40

1 Kön 3,16–28

Als König David gestorben war, bestieg sein Sohn Salomo den Thron. Eines Tages erschien Gott dem jungen König im Traum und sprach: „Salomo, heute will ich dir einen Wunsch erfüllen. Was du dir auch wünschst, du sollst es erhalten." – Da dachte Salomo: Soll ich mir ein langes Leben wünschen? Oder ist Reichtum besser für mich? Oder soll ich mir den Tod meiner Feinde wünschen? – Nein, das ist alles zu wenig! – Und er sagte zu Gott: „Ich wünsche mir Weisheit!" Und der Herr erfüllte ihm seinen Wunsch.

Einige Zeit danach kamen zwei Frauen zum König. Die eine sagte: „Herr, wir beide wohnen im gleichen Haus und ich habe dort einen Sohn geboren. Drei Tage später brachte auch diese Frau hier einen Sohn zur Welt. In der Nacht starb der Sohn dieser Frau. Sie hatte ihn aus Versehen im Schlaf erdrückt. Da stand sie mitten in der Nacht auf. Und während ich schlief, nahm sie mir mein Kind weg. Stattdessen

legte sie mir ihr eigenes totes Kind an die Seite. Als ich am Morgen mein Kind stillen wollte, da war es tot. Aber als ich es genau ansah, merkte ich, dass es gar nicht mein Kind war."

Da rief die andere Frau: „Nein, mein Kind lebt und dein Kind ist tot." Und die Erste antwortete: „Nein, dein Kind ist tot und mein Kind lebt." So stritten sie vor dem König.

Da sagte Salomo: „Holt mir ein Schwert!" Seine Diener brachten es herbei. Der König sprach: „Ich will gerecht sein. Jede von euch sagt: ‚Das Kind gehört mir.' Deshalb soll auch jede von euch das Kind bekommen. Schneidet also das lebendige Kind in zwei Hälften! Dann gebt jeder der Frauen ein halbes Kind."

Da fiel eine der Frauen vor dem König nieder und rief: „Bitte, bitte, Herr, gebt der anderen Frau das Kind! Aber tötet es nicht!" Die andere Frau aber rief: „Der König hat Recht! Wenn es mir nicht gehören soll, dann sollst auch du es nicht haben! Teilt es nur in zwei Stücke."

Da erhob sich der König und sprach sein Urteil: „Gebt der ersten Frau das Kind und tötet es nicht. Denn sie ist seine Mutter."

Ganz *Israel hörte von dem Urteil und verehrte den König Salomo. Denn die Weisheit Gottes war mit ihm, wenn er Gericht hielt.

Der Prophet Elija

41

1 Kön 16,29–17,16

Ahab war König von *Israel. Sein Palast stand in *Samaria. Ahab handelte unrecht vor den Augen des Herrn. Er heiratete Isebel, die Tochter des Königs Etbaal. Isebel verehrte den *Baal. Da ließ Ahab dem Baal in Samaria einen Tempel bauen und betete ihn dort an. Die Königin Isebel aber ließ die *Propheten des Herrn verfolgen und töten.

Der Prophet *Elija kam zu Ahab und sprach: „Ich bin der Diener des Herrn. So sicher, wie der Gott Israels lebt, so sicher sage ich dir: Es wird eine große Dürre kommen. In den nächsten Jahren werden weder Tau noch Regen auf das Land fallen. Es wird erst dann wieder regnen, wenn ich es sage."

Danach sprach der Herr zu Elija: „Geh weg von hier nach Osten. Verstecke dich am Bach Kerit, östlich vom *Jordan. Aus dem Bach kannst du trinken. Und den Raben habe ich befohlen, dir Nahrung zu bringen." Elija tat, was der Herr ihm gesagt hatte. Die Raben brachten ihm am Morgen und am Abend Brot und Fleisch. Und er trank das Wasser des Bachs. Nach einiger Zeit aber vertrocknete der Bach, denn es fiel kein Regen im Land. Da sprach der Herr zu Elija: „Mach dich auf und geh nach *Sarepta. Dort lebt eine Witwe. Ich habe ihr befohlen, dich zu versorgen."

Elija machte sich auf. Am Stadttor von Sarepta traf er eine Witwe, die Holz sammelte. Er bat sie: „Bring mir etwas Wasser zu trinken. Und bring mir auch einen Bissen Brot mit." Sie antwortete ihm: „Ich habe nichts mehr als eine Hand voll Mehl im Topf und ein wenig Öl im Krug. Ich sammle hier ein wenig Holz auf. Dann werde ich heimgehen und für mich und meinen Sohn etwas backen. Das wollen wir noch essen und dann sterben." Elija sagte: „Fürchte dich nicht! Tu so, wie du gesagt hast. Aber mache zuerst einen kleinen *Fladen Brot und bring ihn mir. Danach kannst du für dich und deinen Sohn etwas zubereiten. Denn so spricht der Herr, der Gott *Israels: ‚Der Mehltopf wird nicht leer werden und der Ölkrug wird nicht zu fließen aufhören, bis zu dem Tag, an dem der Herr wieder Regen auf die Erde sendet.' "

Die Witwe ging und tat, was Elija gesagt hatte. So hatte sie mit ihm und ihrem Sohn viele Tage zu essen. Denn der Mehltopf wurde nicht leer und der Ölkrug hörte nicht auf zu fließen, wie es der Herr durch Elija versprochen hatte.

Elija streitet gegen die Priester des Baal

42

1 Kön 18

Im dritten Jahr der großen Dürre sprach der Herr zu *Elija: „Geh und zeige dich dem Ahab. Ich will Regen auf die Erde senden." Da ging Elija hin, um sich König Ahab zu zeigen. Der hatte schon in allen Völkern und Reichen nach ihm suchen lassen. Als Ahab den Elija sah, rief er aus: „Bist du es wirklich, der das Unheil über *Israel gebracht hat?"

Elija antwortete: „Nicht ich habe Unheil über Israel gebracht. Du selbst warst das und das Haus deines Vaters. Ihr habt die Gebote des Herrn gebrochen und seid fremden Göttern nachgelaufen. Doch jetzt schick Boten aus. Ganz Israel soll sich auf dem Berg *Karmel versammeln. Auch die vierhundertfünfzig *Propheten des *Baal und die vierhundert Propheten der *Aschera sollen dorthin kommen."

Als alle am Berg versammelt waren, trat Elija vor das ganze Volk und rief: „Wie lange noch schwankt ihr von einer Seite zur anderen? Wenn *JAHWE der wahre Gott ist, dann folgt ihm! Wenn es aber Baal ist, dann folgt diesem!" Doch das Volk gab ihm keine Antwort.

Da sagte Elija zum Volk: „Ich allein bin von den Propheten des Herrn noch übrig geblieben. Die Propheten des Baal aber sind vierhundertfünfzig. Bringt uns zwei Stiere. Sie sollen sich einen davon auswählen. Sie sollen ihn zerteilen. Sie sollen ihn auf das Holz des Altars legen, aber kein Feuer anzünden. Ich werde den anderen zubereiten. Ich werde ihn auf das Holz des Altars legen und kein Feuer anzünden. Dann sollt ihr zu eurem Gott beten und ich werde zu JAHWE beten. Der Gott, der Feuer auf seinen Altar hinunterschickt, der ist der wahre Gott."

Da rief das ganze Volk: „Der Vorschlag ist gut!"

Die Propheten des Baal machten es so, wie Elija es gesagt hatte. Dann riefen sie vom Morgen bis zum Mittag zu ihrem Gott. Sie schrien: „Baal, erhöre uns!" Doch es kam kein Laut und niemand gab Antwort. Sie tanzten und hüpften um den Altar, den sie gebaut hatten. Um die Mittagszeit verspottete sie Elija und sagte: „Ruft lauter! Vielleicht hat euer Gott anderes zu tun. Er könnte weggegangen oder verreist sein.

Vielleicht schläft er ja und wacht dann auf." Sie schrien nun mit noch lauterer Stimme. Wie es bei ihnen üblich war, verletzten sie ihre Haut. Mit Schwertern und Lanzen verwundeten sie sich, bis das Blut an ihnen herabfloss. Als der Mittag vorüber war, verfielen sie in Raserei bis zum frühen Abend. Doch es kam kein Laut, keine Antwort, keine Erhörung.

Nun sagte Elija zum ganzen Volk: „Tretet her zu mir." Sie kamen. Und Elija baute den zerstörten Altar JAHWES wieder auf. Er nahm dazu zwölf Steine, je einen für jeden der zwölf *Stämme der Söhne Jakobs. Dann schichtete er das Holz auf den Altar. Er zerteilte den Stier und legte ihn darauf. Er zog einen Graben rund um den Altar und ließ dreimal Wasser über das Opfer und das Holz gießen, sodass sich der Graben mit Wasser füllte.

Es war die Zeit, in der im *Tempel zu *Jerusalem das Abendopfer gefeiert wurde. Da trat der Prophet Elija an den Altar und rief: „Herr, du Gott Abrahams, Isaaks und Jakobs! Heute soll man erkennen, dass du Gott bist in Israel. Erhöre mich, Herr, erhöre mich! Dieses Volk soll erkennen, dass du der wahre Gott bist." Da kam das Feuer des Herrn herab und verbrannte das Opferfleisch. Es verbrannte das Holz, die Steine und die Erde. Das Wasser im Graben löste sich in Dampf auf. Das ganze Volk sah es. Sie warfen sich zur Erde, fielen auf ihr Angesicht nieder und riefen: „JAHWE ist Gott! JAHWE ist Gott!"

Elija aber befahl ihnen: „Ergreift die Propheten des Baal. Keiner von ihnen soll entkommen." Man ergriff sie, führte sie hinab zum Bach Kischon und tötete sie alle.

Dann stieg Elija hinauf zur Höhe des Berges Karmel. Er hockte sich auf den Boden und legte seinen Kopf zwischen die Knie. Dann befahl er seinem Diener: „Geh und schau auf das Meer hinaus!" Der Diener meldete ihm: „Es ist nichts zu sehen." Elija schickte ihn wieder und wieder. Beim siebten Mal meldete der Diener: „Eine Wolke steigt aus dem Meer herauf, so klein wie eine Menschenhand." Darauf sagte Elija: „Geh und sage dem Ahab: ‚Spanne die Pferde vor deinen Wagen und fahre hinab, damit der Regen dich nicht aufhält.' "

Es dauerte nicht lange, da wurde der Himmel finster. Sturm und Wolken zogen auf und es fiel ein starker Regen.

Elija begegnet Gott am Berg Horeb

43
1 Kön 19,1–13

Ahab erzählte der Königin Isebel alles, was *Elija getan hatte. Da schickte Isebel einen Boten zu Elija und ließ ihm sagen: „Die Götter sollen mich strafen, wenn ich nicht morgen das Gleiche mit dir tue, was du heute mit diesen Propheten getan hast."

Elija geriet in Angst. Er machte sich auf und floh in das Land *Juda um sein Leben zu retten. Er ging eine Tagesreise weit in die Wüste. Dann setzte er sich unter einen Ginsterstrauch und wünschte sich den Tod. Er sagte: „Nun ist es genug, Herr. Nimm mein Leben zurück, denn ich bin nicht besser als meine Väter."

Dann legte er sich hin und schlief ein. Doch ein Engel weckte ihn und sprach: „Steh auf und iss!" Als er sich umsah, sah er neben seinem Kopf ein *Fladenbrot und einen Krug mit Wasser. Er aß und trank und legte sich wieder hin. Doch der Engel des Herrn kam zum zweiten Mal. Er weckte ihn auf und sprach: „Steh auf und iss! Sonst ist der Weg zu weit für dich." Da stand Elija auf. Er aß und trank und die Speise stärkte ihn. Elija wanderte vierzig Tage und vierzig Nächte bis zum Gottesberg *Horeb. Dort wollte er in einer Höhle übernachten.

Da sprach der Herr zu ihm: „Warum bist du hierher gekommen, Elija?" Er antwortete: „Mit glühender Begeisterung habe ich für dich gekämpft. Denn die Israeliten hatten deinen *Bund gebrochen. Sie hatten deine Altäre zerstört und deine *Propheten getötet. Ich allein bin übrig geblieben. Und jetzt wollen sie auch mich töten."

Der Herr antwortete: „Komm heraus und stell dich auf den Berg vor den Herrn!"

Dann zog der Herr vorüber: Ein starker, heftiger Sturm ging vor ihm her. Der Sturm zerriss die Berge und zerbrach die Felsen. Doch der Herr war nicht im Sturm. Nach dem Sturm kam ein Erdbeben. Doch der Herr war nicht im Erdbeben. Nach dem Beben kam ein Feuer. Doch der Herr war nicht im Feuer. Nach dem Feuer kam ein sanfter Wind, eine wachsende Stille.

Als Elija das hörte, verhüllte er sein Gesicht mit dem Mantel. Er trat hinaus und stellte sich an den Eingang der Höhle.

Worte der Propheten

44

Die Propheten klagen an

Hört auf, Böses zu tun!
Lernt, Gutes zu tun!
Jes 1,16-17

Helft den Unterdrückten!
Jes 1,17

Wehe euch, die ihr Haus an Haus reiht
und einen Acker nach dem anderen kauft,
bis kein Platz mehr da ist
und ihr allein das Land besitzt!
Jes 5,8

Wahrt das Recht
und sorgt für Gerechtigkeit!
Jes 56,1

Eure Lippen lügen,
eure Zunge flüstert Worte voll Bosheit.
Jes 59,3

Wenn ihr die Fremden nicht unterdrückt,
will ich bei euch wohnen!
Jer 7,6-7

Wehe dem,
der sein Haus mit Ungerechtigkeit baut,
der seinen Nächsten ohne Lohn arbeiten lässt.
Jer 22,13

Deine Augen und dein Herz
sind nur auf deinen Vorteil gerichtet,
auf das Blut des Unschuldigen,
auf Unterdrückung und Erpressung.
Jer 22,17

Die Propheten machen Mut

Wer jetzt in Not ist,
bleibt nicht im Dunkel.
Jes 8,23

Du bist in meinen Augen herrlich
und wertvoll.
Jes 43,4

Siehe,
ich habe dich gezeichnet in meine Hände.
Jes 49,16

Ich erschaffe einen neuen Himmel
und eine neue Erde.
Jes 65,17

Wie eine Mutter ihr Kind tröstet,
will ich euch trösten,
Jes 66,13

Ihr werdet mein Volk sein
und ich werde euer Gott sein.
Jer 30,22

Ich verwandle ihre Trauer in Jubel.
Jer 31,13

Rufe zu mir, so will ich dir antworten
und dir große, unfassbare Dinge mitteilen.
Jer 33,3

Jesaja kündigt den *Messias an

45
Jes 9,1-6

Das Volk, das im Dunkel lebt,
sieht ein helles Licht;
über denen, die im Land der Finsternis wohnen,
strahlt ein Licht auf.
Du machst laut ihren Jubel und schenkst große Freude.
Man freut sich in deiner Nähe, wie man sich freut bei der Ernte,
wie man jubelt, wenn Schätze verteilt werden.
Denn wie am Tag von *Midian zerbrichst du unsere Fesseln,
die schwere Last auf unseren Schultern und den Stock des *Fronvogts.
Jeder Soldatenstiefel, der dröhnend stampft,
jeder Mantel, der mit Blut befleckt ist,
wird verbrannt, wird vom Feuer verschlungen.
Denn uns ist ein Kind geboren, ein Sohn ist uns geschenkt.
Die Herrschermacht liegt auf seinen Schultern,
man nennt ihn: wunderbarer Ratgeber, starker Gott,
Vater in Ewigkeit, Fürst des Friedens.
Seine Herrschermacht ist groß
und der Friede hat kein Ende.
Auf dem Thron Davids herrscht er über sein Reich;
er stärkt und stützt es durch Recht und Gerechtigkeit,
jetzt und für alle Zeiten.

Wie der *Messias herrscht

46
Jes 11,1–9

Aus dem Baumstumpf Isais wächst ein Spross hervor,
ein junger Trieb aus seinen Wurzeln bringt Frucht.
Der Geist des Herrn ruht auf ihm,
der Geist der Weisheit und der Einsicht,
der Geist des Rates und der Stärke,
der Geist der Erkenntnis und der Gottesfurcht.

Er richtet nicht nach dem äußeren Schein
und nicht nach dem Hörensagen entscheidet er.
Er richtet die Hilflosen gerecht
und entscheidet für die Armen des Landes, wie es richtig ist.
Er schlägt die Gewalttätigen mit der Waffe seines Wortes
und tötet den Schuldigen mit dem Hauch seines Mundes.
Gerechtigkeit ist wie ein Gewand um seine Hüften,
Treue wie ein Gürtel um seinen Leib.

Dann wohnt der Wolf beim Lamm,
der Panter liegt neben dem Böckchen.
Kalb und Löwe weiden zusammen, ein kleiner Junge kann sie hüten.
Kuh und Bärin freunden sich an, ihre Jungen liegen beieinander.
Der Löwe frisst Stroh wie das Rind.
Der Säugling spielt vor dem Versteck der Giftschlange,
das Kind streckt seine Hand in ihre Höhle.

Man tut nichts Böses mehr und begeht kein Verbrechen
auf meinem ganzen heiligen Berg;
denn das Land ist erfüllt von der Erkenntnis des Herrn,
so wie das Meer mit Wasser gefüllt ist.

Jeremia wird zum Propheten berufen

Der Herr sprach zu mir: „Ich habe dich ausgewählt, noch ehe ich 47
dich im Leib deiner Mutter formte. Ich habe dich geweiht, noch
ehe du geboren wurdest. Und ich habe dich zum *Propheten für *Jer 1,4–10*
die Völker bestimmt."

Da sagte ich: „Ach, mein Gott und Herr, ich kann doch nicht vor allem Volk reden. Ich bin doch noch so jung." Aber der Herr antwortete mir: „Sage nicht: ‚Ich bin noch so jung.' Du sollst dahin gehen, wohin ich dich schicke. Und du sollst verkünden, was ich dir auftrage. Fürchte dich nicht vor den Menschen, denn ich bin bei dir, um dich zu retten."

Dann streckte der Herr seine Hand aus. Er berührte meinen Mund und sagte zu mir: „Hiermit lege ich meine Worte in deinen Mund. Sieh her! Am heutigen Tag mache ich dich zum Herrn über Völker und Königreiche. Du sollst ausreißen und niederreißen. Du sollst vernichten und einreißen. Du sollst aufbauen und einpflanzen."

Das Schicksal des Propheten

Du hast mich bezaubert, o Herr, und ich ließ mich bezaubern; 48
du hast mich gepackt und mich besiegt.
Zum Gespött bin ich geworden den ganzen Tag, *Jer 20,7–11.13*
ein jeder verhöhnt mich.
Ja, wenn ich zum Volk rede, muss ich schreien.
„Gewalt und Unterdrückung!", muss ich rufen.
Denn das Wort des Herrn bringt mir den ganzen Tag
nur Spott und Hohn.
Wenn ich aber sagte: „Ich will nicht mehr an ihn denken
und nicht mehr in seinem Namen sprechen!",
dann war es mir, als brenne in meinem Herzen ein Feuer,
ein Brand in meinem Inneren.

Ich quälte mich es auszuhalten, doch ich konnte es nicht.
Ich hörte die Menge flüstern: „Grauen ringsum!
Zeigt ihn an! Wir wollen ihn anzeigen!"
Sogar meine Freunde warten alle darauf, dass ich stürze:
„Vielleicht lässt er sich verführen,
dann werden wir ihn besiegen und Rache an ihm nehmen."

Doch der Herr steht mir bei wie ein gewaltiger Held.
Darum stolpern meine Verfolger und holen mich nicht ein.
Sie werden schmachvoll untergehen und werden nichts erreichen.
Singt dem Herrn, lobt den Herrn;
denn er rettet das Leben des Armen aus der Hand der Übeltäter.

König Jojakim verbrennt die Buchrolle

49

Jer 36,1–32

Der Herr sprach zu Jeremia: „Nimm dir eine *Buchrolle. Schreibe alles auf, was ich zu dir gesprochen habe. König Jojakim und das ganze *Haus *Juda sollen erfahren, welches Unheil ich ihnen antun will. Vielleicht werden sie dann umkehren auf ihrem bösen Weg und ich kann ihre Schuld und Sünde verzeihen." Da rief Jeremia den Schreiber Baruch zu sich. Und Baruch schrieb nach dem Diktat des Jeremia alle Worte des Herrn in eine Buchrolle. Dann sagte Jeremia: „Mir ist es verboten, den *Tempel zu betreten. Darum geh du hin und lies ihnen vor, was du nach meinem Diktat geschrieben hast. Lies dem Volk im Haus des Herrn die Worte des Herrn vor."

Baruch tat, was der *Prophet gesagt hatte. Er las im Haus des Herrn dem Volk die Worte des Herrn vor. Als die obersten Beamten des Königs davon hörten, ließen sie Baruch kommen. Sie sagten zu ihm: „Setz dich und lies auch uns vor." Baruch las. Als sie all diese Worte hörten, erschraken sie und sagten: „Wir müssen es dem König melden." Und sie fragten Baruch: „Sag uns doch, woher hast du all diese Worte?" Baruch antwortete ihnen: „Jeremia hat sie mir diktiert."

Darauf sagten die Beamten: „Geh und verstecke dich, du und auch Jeremia! Niemand soll wissen, wo ihr seid."

Dann berichteten sie König Jojakim von der Buchrolle. Der König gab Jehudi den Auftrag, sie herbeizuholen. Und Jehudi las die Rolle vor. Es war der neunte Monat und es war kalt. Deshalb brannte vor dem König ein Feuer in einem Gefäß mit Kohlen. Immer wenn Jehudi drei oder vier Spalten gelesen hatte, schnitt der König sie ab. Und er warf das Geschriebene ins Feuer. Am Ende hatte er die ganze Rolle verbrannt. Niemand von allen war erschrocken. Niemand hatte seine Kleider zerrissen. Niemand war umgekehrt auf seinem bösen Weg wegen der Worte des Herrn. Der König befahl, den Schreiber Baruch und den Propheten Jeremia zu suchen und sie gefangen zu nehmen. Aber der Herr sorgte dafür, dass niemand sie fand.

Nachdem die Buchrolle verbrannt war, sprach der Herr zu Jeremia: „Nimm dir eine andere Rolle und schreibe alle meine Worte noch einmal auf. Jojakim, dem König von *Juda, aber sollst du sagen: ‚So spricht der Herr: Deine Nachkommen werden nicht mehr auf dem Thron Davids sitzen. Dein Leichnam soll weggeworfen werden in die Hitze des Tages und die Kälte der Nacht. An dir, an deinen Nachkommen und deinen Dienern werde ich Rache nehmen für eure Schuld. Ich bringe über die Bewohner *Jerusalems und die Leute von Juda all das Unheil, das ich ihnen angedroht habe. Denn sie haben nicht auf meine Worte gehört.' "

Da nahm Jeremia eine neue Rolle und gab sie dem Schreiber Baruch. Und Baruch schrieb nach dem Diktat des Jeremia alle Worte noch einmal auf, die Jojakim im Feuer verbrannt hatte.

Was ist der Mensch, dass du an ihn denkst?

Ein Psalm Davids

50

Ps 8

Herr, unser Herrscher,
wie gewaltig ist dein Name auf der ganzen Erde;
über den Himmel breitest du deine Hoheit aus.
Aus dem Mund der Kinder und Säuglinge klingt dir Lob,
deinen Gegnern zum Trotz;
deine Feinde und Widersacher müssen verstummen.
Seh ich den Himmel, das Werk deiner Finger,
Mond und Sterne, die du befestigt:
Was ist der Mensch, dass du an ihn denkst,
des Menschen Kind, dass du dich darum kümmerst?
Du hast ihn nur wenig geringer gemacht als Gott,
hast ihn mit Herrlichkeit und Ehre gekrönt.
Du hast ihn als Herrscher bestimmt über das Werk deiner Hände,
hast ihm alles zu Füßen gelegt:
All die Schafe, Ziegen und Rinder
und auch die wilden Tiere,
die Vögel des Himmels und die Fische im Meer,
alles, was auf den Pfaden der Meere dahinzieht.
Herr, unser Herrscher,
wie gewaltig ist dein Name auf der ganzen Erde!

Mein Gott, warum hast du mich verlassen?

Ein Psalm Davids

51
Ps 22,1–23

Mein Gott, mein Gott, warum hast du mich verlassen,
bist fern meinem Schreien und den Worten meiner Klage?
Mein Gott, ich rufe bei Tag, doch du gibst keine Antwort;
ich rufe bei Nacht und finde doch keine Ruhe.
Aber du bist heilig, du thronst über dem Lobpreis *Israels.
Dir haben unsre Väter vertraut,
sie haben vertraut und du hast sie gerettet.
Zu dir riefen sie und wurden befreit,
dir vertrauten sie und wurden nicht zu Schanden.
Ich aber bin ein Wurm und kein Mensch,
der Leute Spott und vom Volk verachtet.
Alle, die mich sehen, lachen über mich,
verziehen die Lippen, sie schütteln den Kopf:
„Er wälze die Last auf den Herrn, der soll ihn befreien!
Der reiße ihn heraus, wenn er an ihm Gefallen hat."
Du bist es, der mich aus dem Schoß meiner Mutter zog,
mich bettete an die Brust der Mutter.
Von Geburt an bin ich dein Eigentum,
vom Mutterleib an bist du mein Gott.
Sei mir nicht fern, denn die Not ist nahe
und niemand ist da, der hilft.
Viele Stiere umgeben mich,
Büffel von Baschan umringen mich.
Sie sperren gegen mich ihren Rachen auf,
reißende, brüllende Löwen.
Ich bin hingeschüttet wie Wasser,
aufgelöst haben sich all meine Glieder.
Mein Herz ist in meinem Leib wie Wachs zerflossen.
Meine Kehle ist trocken wie eine Scherbe,
die Zunge klebt mir am Gaumen,
du legst mich in den Staub des Todes.

Viele Hunde umlagern mich, eine Rotte von Bösen umkreist mich.
Sie durchbohren mir Hände und Füße.
Man kann all meine Knochen zählen;
und sie begaffen mich ohne Mitleid.
Sie verteilen unter sich meine Kleider
und werfen das Los um mein Gewand.
Du aber, Herr, halte dich nicht fern!
Du, meine Stärke, eile mir zu Hilfe!
Entreiße mein Leben dem Schwert,
mein einziges Gut aus der Gewalt der Hunde.
Rette mich vor dem Rachen der Löwen,
vor den Hörnern der Büffel rette mich Armen!

Ich fürchte kein Unheil

Ein Psalm Davids

52
Ps 23

Der Herr ist mein Hirte,
nichts wird mir fehlen.
Er lässt mich lagern auf grünen Auen
und führt mich zum Ruheplatz am Wasser.
Er stillt mein Verlangen;
er leitet mich auf rechten Pfaden, treu seinem Namen.
Muss ich auch wandern in finsterer Schlucht,
ich fürchte kein Unheil; denn du bist bei mir,
dein Stock und dein Stab geben mir Zuversicht.
Du deckst mir den Tisch vor den Augen meiner Feinde.
Du salbst mein Haupt mit Öl,
du füllst mir reichlich den Becher.
Lauter Güte und Huld werden mir folgen mein Leben lang
und im Haus des Herrn darf ich wohnen für lange Zeit.

Lobet den Herrn!

53
Ps 148

Halleluja!
Lobet den Herrn vom Himmel her,
lobt ihn in den Höhen!
Lobt ihn, all seine Engel,
lobt ihn, all seine Scharen;
lobt ihn, Sonne und Mond,
lobt ihn, all ihr leuchtenden Sterne;
lobt ihn, alle Himmel
und ihr Wasser über den Himmeln!
Loben sollen sie den Namen des Herrn;
denn sein Wort hat sie alle erschaffen.
Er stellte sie hin für immer und ewig,
er gab ihnen ein Gesetz, das sie nicht brechen.
Lobet den Herrn, ihr auf der Erde,
ihr Meerestiere und all ihr Tiefen,
Feuer und Hagel, Schnee und Nebel,
du Sturmwind, der seinem Wort gehorcht.
Ihr Berge und all ihr Hügel,
ihr Fruchtbäume und all ihr *Zedern,
ihr Tiere alle in Wald und Feld,
Kriechtiere und gefiederte Vögel,
ihr Könige der Erde und alle Völker,
ihr Fürsten und alle Richter auf Erden,
ihr jungen Männer und auch ihr Mädchen,
ihr Alten mit den Jungen!
Loben sollen sie den Namen des Herrn,
denn sein Name allein ist groß,
seine Herrlichkeit strahlt über Erde und Himmel.
Seinem Volk gibt er Stärke,
geehrt werden alle, die ihm treu sind,
Israels Kinder, das Volk, das ihm nah sein darf,
*Halleluja!

54
Dtn 6,4–5

Höre, Israel:
Der Herr ist unser Gott,
der Herr allein!

Du wirst den Herrn, deinen Gott, lieben
aus ganzem Herzen,
aus ganzer Seele
und mit all deiner Kraft.

55
Lk 1,68

Gepriesen sei der Herr,
der Gott Israels!
Denn er hat sein Volk besucht
und ihm Erlösung bereitet.

Aus dem Neuen Testament

Eine gute Nachricht

56
Lk 1,26–38

Gott schickte den Engel Gabriel als seinen Boten
in die Stadt *Nazaret im Gebiet von *Galiläa.
Gabriel war ausgesandt zu einer Jungfrau.
Sie war verlobt mit einem Mann, der Josef hieß.
Josef gehörte zu den Nachkommen des Königs David.
Der Name der Jungfrau war Maria.
Der Engel trat bei ihr ein und sagte: „Sei gegrüßt, Maria.
Du bist erfüllt von *Gnade. Der Herr ist mit dir."
Maria erschrak über die Anrede
und überlegte, was dieser Gruß bedeuten sollte.
Da sagte der Engel zu ihr: „Fürchte dich nicht, Maria,
denn Gott hat dich auserwählt. Du wirst ein Kind
in deinem Leib tragen, einen Sohn wirst du zur Welt bringen.
Du sollst ihm den Namen *Jesus geben.
Er wird Macht haben und man wird ihn Sohn des Höchsten nennen.
Gott, der Herr, wird ihm den Thron Davids geben.
Er wird über das *Haus Jakob in Ewigkeit herrschen
und seine Königsmacht wird kein Ende haben."
Maria aber sagte zu dem Engel: „Wie soll das möglich sein,
wenn ich mit keinem Mann zusammenlebe?"
Der Engel antwortete ihr: „Der Heilige Geist wird über dich kommen
und die Kraft Gottes wird dich umhüllen.
Deshalb wird dein Kind heilig sein
und man wird es Sohn Gottes nennen.
Auch deine Verwandte Elisabet erwartet in ihrem hohen Alter noch einen Sohn. Obwohl alle sagten, dass sie keine Kinder bekommen kann, ist sie schwanger und zählt jetzt schon den sechsten Monat.
Denn für Gott ist nichts unmöglich."
Da sagte Maria: „Was Gott will, das will ich tun.
Es soll mit mir so geschehen, wie du es gesagt hast."
Danach verließ der Engel sie.

Maria besucht Elisabet

57
Lk 1,39–56

Nach einigen Tagen machte sich Maria auf den Weg. Sie eilte in eine Stadt in den Bergen von *Judäa. Sie ging in das Haus des Zacharias und begrüßte seine Frau Elisabet. Als Elisabet den Gruß Marias hörte, spürte sie, wie das Kind in ihrem Leib hüpfte. Der Geist Gottes kam über Elisabet und sie rief mit lauter Stimme: „Gesegnet bist du, Maria, mehr als alle anderen Frauen. Und gesegnet ist das Kind in deinem Leib. Ich bin es nicht wert, dass die Mutter meines Herrn mich besucht. Als ich deinen Gruß hörte, hüpfte mein Kind vor Freude in meinem Leib. Selig bist du! Denn du hast geglaubt, dass es wahr wird, was Gott dir sagen ließ." Da sagte Maria:

„Meine Seele preist die Größe des Herrn,
und mein Geist jubelt über Gott, meinen Retter.
Denn auf die Niedrigkeit seiner Magd hat er geschaut.
Siehe, von nun an preisen mich selig alle Geschlechter.
Denn der Mächtige hat Großes an mir getan
und sein Name ist heilig.
Er erbarmt sich von Geschlecht zu Geschlecht
über alle, die ihn fürchten.
Er vollbringt mit seinem Arm machtvolle Taten:
Er zerstreut, die im Herzen voll Hochmut sind;
er stürzt die Mächtigen vom Thron
und erhöht die Niedrigen.
Die Hungernden beschenkt er mit seinen Gaben
und lässt die Reichen leer ausgehen.
Er nimmt sich seines Knechtes Israel an
und denkt an sein Erbarmen,
das er unsern Vätern verheißen hat,
Abraham und seinen Nachkommen auf ewig."

Und Maria blieb noch etwa drei Monate, bis Elisabet ihren Sohn Johannes zur Welt gebracht hatte. Dann kehrte sie nach Hause zurück.

Jesus kommt zur Welt

58
Lk 2,1–20

In jenen Tagen gab der Kaiser Augustus diesen Befehl, alle Menschen in seinem Reich in Steuerlisten einzutragen. Das geschah zum ersten Mal.
Damals war Quirinius der *Statthalter von *Syrien.
Da ging jeder in seine Heimatstadt, um sich eintragen zu lassen.

So wanderte auch Josef aus *Nazaret hinauf nach *Judäa. Er zog zu der Stadt Davids, die *Betlehem heißt. Josef gehörte zu den Nachkommen des Königs David. Deshalb wollte er sich dort mit seiner Verlobten eintragen lassen.

Maria erwartete ein Kind. Als sie in Betlehem waren, kam für sie die Zeit der Geburt. Maria brachte einen Sohn zur Welt, den *Erstgeborenen. Sie wickelte ihn in Windeln und legte ihn in eine Futterkrippe, weil in den Gästehäusern kein Platz für sie war.

In dieser Gegend übernachteten Hirten auf freiem Feld. Sie hielten Wache bei ihren Herden. Da trat der Engel des Herrn zu ihnen und der Glanz Gottes blendete sie. Sie fürchteten sich sehr. Der Engel aber sagte zu ihnen: „Fürchtet euch nicht! Ich bringe euch eine große Freude, eine frohe Botschaft für alle Menschen. Heute ist euch in der Stadt Davids der Retter geboren worden. Er ist *Christus, der Herr. Und an diesen Zeichen sollt ihr ihn erkennen: Ihr werdet ein Kind finden, das in Windeln gewickelt ist und in einer Krippe liegt."

Und plötzlich war der Engel des Herrn umgeben von Scharen anderer Engel. Sie lobten Gott und sprachen:

„Gepriesen sei Gott in der Höhe
und auf der Erde Frieden bei den Menschen,
die er liebt!"

Als die Engel sie verlassen hatten und in den Himmel zurückgekehrt waren, sagten die Hirten zueinander: „Kommt, wir gehen nach Betlehem. Dort wollen wir sehen, was geschehen ist und was Gott uns sagen ließ."

So eilten sie hin und fanden Maria und Josef und das Kind in der Krippe. Sie erzählten, was ihnen der Engel über dieses Kind gesagt hatte. Alle staunten über die Worte der Hirten. Maria aber bewahrte in ihrem Herzen die Erinnerung an diese Dinge und dachte über sie nach.

Die Hirten kehrten zurück. Sie lobten Gott und dankten ihm für das, was sie gehört und gesehen hatten.

Denn es war alles so gewesen, wie der Engel es ihnen gesagt hatte.

Sterndeuter suchen den neuen König

59

Mt 2,1–12

Jesus war zur Zeit des Königs Herodes in *Betlehem geboren worden. Da kamen *Sterndeuter aus dem Osten nach *Jerusalem. Sie fragten: „Wo ist der neugeborene König der Juden? Wir sahen seinen Stern aufgehen und sind gekommen, um ihn als Herrscher zu verehren."

Als Herodes das hörte, erschrak er. Und mit ihm erschrak ganz Jerusalem. Er ließ alle *Hohen Priester herbeirufen und alle Männer im Volk, die die heiligen Schriften kannten. Herodes erkundigte sich bei ihnen, wo der *Messias geboren werden sollte. Sie antworteten ihm: „In Betlehem, im Lande *Juda. Denn so steht es beim *Propheten Micha:

‚Du, Betlehem im Lande Juda,
bist keineswegs die geringste
unter den Fürstenstädten von Juda;
denn aus dir wird ein Fürst kommen,
der mein Volk *Israel führen und beschützen wird.'"

Danach rief Herodes die Sterndeuter heimlich zu sich. Er ließ sich von ihnen genau sagen, wann der Stern am Himmel aufgegangen war. Dann schickte er sie nach Betlehem und sagte: „Geht und forscht sorgfältig nach, wo das Kind ist. Und wenn ihr es gefunden habt, meldet es mir. Dann werde auch ich hingehen, um ihn als den neuen Herrscher zu verehren."

Nach diesen Worten des Königs machten sich die Sterndeuter auf den Weg. Sie sahen den Stern wieder, den sie im Osten gesehen hatten. Er zog vor ihnen her bis zu dem Ort, wo das Kind war. Dort blieb er stehen. Als sie das sahen, freuten sie sich sehr. Sie gingen in das Haus und sahen das Kind und seine Mutter Maria. Da fielen sie auf die Knie und gaben dem Kind die Ehre. Dann holten sie ihre Schätze hervor und brachten ihm ihre Geschenke: Gold, *Weihrauch und *Myrrhe.

Im Traum wurde ihnen befohlen, sie sollten nicht zu Herodes zurückkehren. Deshalb zogen sie auf einem anderen Weg heim in ihr Land.

Der Prophet in der Wüste tauft Jesus

60

Mk 1,4–11

Johannes der Täufer, der Sohn von Elisabet und Zacharias, predigte in der Wüste. Er rief den Leuten zu: „Kehrt um! Ändert euer Leben!" Und er taufte sie zur Vergebung ihrer Sünden. Ganz *Judäa und die Bürger von *Jerusalem zogen zu ihm hinaus. Sie bekannten ihre Sünden und ließen sich im *Jordan von ihm taufen. Johannes trug ein Gewand aus Kamelhaaren und einen Ledergürtel um seine Hüften. Er lebte von Heuschrecken und wildem Honig. Er verkündete: „Nach mir wird einer kommen, der stärker ist als ich. Ich bin es nicht wert mich zu bücken und ihm die Schuhe aufzubinden. Ich habe euch nur mit Wasser getauft. Er aber wird euch mit Heiligem Geist taufen."

In diesen Tagen kam Jesus aus *Nazaret in *Galiläa. Er ließ sich von Johannes im Jordan taufen. Als er aus dem Wasser stieg, sah er, dass sich der Himmel öffnete. Der Geist Gottes kam wie eine Taube auf ihn herab. Und eine Stimme aus dem Himmel sprach: „Du bist mein geliebter Sohn, an dir habe ich Gefallen gefunden."

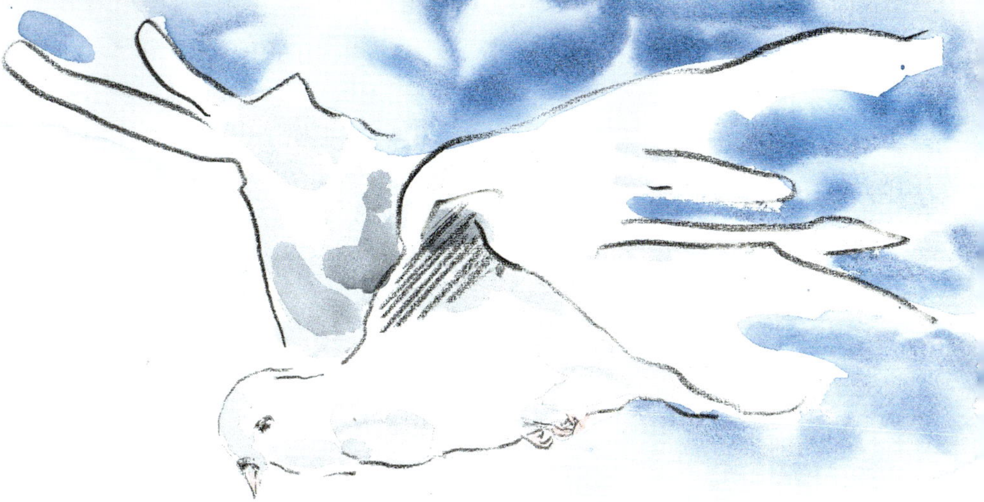

Jesus bringt die Frohe Botschaft

61 Herodes ließ Johannes den Täufer ins Gefängnis werfen. Da ging Jesus wieder nach *Galiläa. Dort verkündete er das *Evangelium, die Frohe Botschaft Gottes. Er sprach: „Jetzt ist die Zeit da: Das *Reich Gottes ist nahe. Kehrt um und glaubt an das Evangelium!"

Mk 1,14–15

Jesus wählt seine ersten Jünger

62 Jesus ging am See von Galiläa entlang. Da sah er Simon und seinen Bruder Andreas. Sie waren Fischer und warfen auf dem See ihre Netze aus. Da sagte er zu ihnen: „Kommt her und folgt mir nach! Ich werde euch zu Menschenfischern machen." Sofort ließen sie ihre Netze liegen und folgten ihm.

Mk 1,16–20

Als er ein Stück weiterging, sah er Jakobus und seinen Bruder Johannes. Sie waren im Boot und legten ihre Netze zurecht. Sofort rief er sie.

Und sie ließen ihren Vater Zebedäus mit seinen *Tagelöhnern zurück und folgten Jesus nach.

Die Bergpredigt

Jesus sah, wie viele Menschen ihn hören wollten. Da stieg er auf einen Berg. Er setzte sich und seine *Jünger traten zu ihm. Dann begann er zu reden und lehrte sie. Er sagte: 63

Mt 5,1–12

„Selig, die arm sind vor Gott;
denn ihnen gehört das Himmelreich.
Selig die Trauernden;
denn sie werden getröstet werden.
Selig, die keine Gewalt anwenden;
denn sie werden das Land erben.
Selig, die hungern und dürsten nach der Gerechtigkeit;
denn sie werden satt werden.
Selig die Barmherzigen;
denn sie werden Erbarmen finden.
Selig, die ein reines Herz haben;
denn sie werden Gott schauen.
Selig, die Frieden stiften;
denn sie werden Kinder Gottes genannt werden.
Selig, die um der Gerechtigkeit willen verfolgt werden;
denn ihnen gehört das Himmelreich.
Selig seid ihr, wenn ihr um meinetwillen beschimpft und verfolgt
und auf alle mögliche Weise verleumdet werdet.
Freut euch und jubelt: Euer Lohn im Himmel wird groß sein.
Denn so wurden schon vor euch die *Propheten verfolgt."

Die Goldene Regel

Alles, was ihr also von anderen erwartet, 64
das tut auch ihnen!
Darin besteht das Gesetz und die Propheten.

Mt 7,12

Liebt eure Feinde!

65 Und weiter lehrte Jesus seine *Jünger:
„*Amen, ich sage euch: Liebt eure Feinde.
Tut denen Gutes, die euch hassen.
Segnet die Menschen, die euch verfluchen.
Betet für alle, die euch misshandeln.
Wenn jemand dich auf die rechte Wange schlägt,
dann halte ihm auch die linke hin.
Und wenn jemand dir deinen Mantel wegnimmt,
dann lasse ihm auch noch dein Hemd.
Gib jedem das, worum er dich bittet.
Und wenn dir jemand etwas wegnimmt,
dann verlange es nicht zurück.
Das, was ihr euch von anderen wünscht,
das sollt ihr selbst auch für sie tun.
Wenn ihr nur die Menschen liebt, die auch euch lieben – auf welchen Dank wartet ihr dann? Auch die Sünder lieben die Menschen, von denen sie geliebt werden.
Und wenn ihr nur gut seid zu den Menschen, die zu euch gut sind – auf welchen Dank wartet ihr dann? Das Gleiche tun auch die Sünder.
Und wenn ihr nur denen etwas ausleiht, die es zurückgeben – auf welchen Dank wartet ihr dann? Auch die Sünder verleihen an Sünder, die das Ausgeliehene zurückgeben.
Ihr aber sollt eure Feinde lieben.
Ihr sollt Gutes tun und ausleihen,
auch wenn ihr nichts dafür erwarten könnt.
Dann werdet ihr reich belohnt werden.
Ihr werdet Kinder Gottes sein.
Denn Gott ist gut auch zu den Undankbaren und zu den Bösen.
Deshalb sollt ihr barmherzig sein, so wie es euer Vater im Himmel ist."

Lk 6,27–36

Das Vaterunser

Jesus sagte zu seinen Jüngern: „Wenn ihr betet, dann sollt ihr nicht einfach daherschwätzen. Ihr braucht nicht viele Worte zu machen, damit Gott euch hört. Das tun nur die Menschen, die Gott nicht kennen. Macht ihr es nicht so. Gott weiß ja, was ihr braucht, noch bevor ihr ihn darum bittet. Deshalb sollt ihr so beten: 66

Mt 6,7–13

Vater unser im Himmel,
dein Name werde geheiligt,
dein Reich komme,
dein Wille geschehe
wie im Himmel, so auf der Erde.
Gib uns heute das Brot, das wir brauchen.
Und erlass uns unsere Schulden,
wie auch wir sie unseren Schuldnern erlassen haben.
Und führe uns nicht in Versuchung,
sondern rette uns vor dem Bösen."

Vom Senfkorn

Jesus sagte: „Womit sollen wir das Reich Gottes vergleichen? Mit welchem Gleichnis sollen wir es beschreiben? Das Reich Gottes gleicht einem Senfkorn. Das Senfkorn ist das kleinste von allen Samenkörnern, die man in die Erde sät. Wenn es aber gesät ist, dann geht es auf und wird größer als alle anderen Sträucher. Das kleine Korn treibt große Zweige. Und die Vögel des Himmels bauen darin ihre Nester." 67

Mk 4,30–32

Das verlorene Schaf und die verlorene Drachme

68

Lk 15,1–10

Viele *Zöllner und Sünder kamen zu Jesus, um ihm zuzuhören. Die *Pharisäer und *Schriftgelehrten waren darüber zornig und sagten: „Er gibt sich mit Sündern ab und isst sogar mit ihnen."

Da erzählte er ihnen ein Gleichnis und sagte: „Stellt euch vor: Einer von euch hat hundert Schafe und verliert eines davon.

Wird er dann nicht die neunundneunzig anderen in der Wüste zurücklassen? Wird er nicht nach dem verlorenen Schaf suchen, bis er es findet?

Wenn er es gefunden hat, trägt er es voll Freude auf seinen Schultern. Und wenn er nach Hause kommt, ruft er seine Freunde und Nachbarn zusammen und sagt zu ihnen: ‚Freut euch mit mir, denn ich habe mein verlorenes Schaf wiedergefunden.'

Ich sage euch: Genauso wird auch im Himmel große Freude sein über einen einzigen Sünder, der zu Gott zurückkommt. Es wird sogar eine größere Freude sein als über neunundneunzig *Gerechte, die es nicht nötig haben umzukehren.

Oder: Stellt euch eine Frau vor, die zehn *Drachmen hat und eine davon verliert.

Wird sie dann nicht eine Lampe anzünden, das ganze Haus fegen und so lange suchen, bis sie das Geldstück findet?

Und wenn sie es gefunden hat, ruft sie ihre Freundinnen und Nachbarinnen zusammen und sagt: ‚Freut euch mit mir, denn ich habe die verlorene Drachme wiedergefunden.'

Ich sage euch: Genauso wird auch im Himmel große Freude sein bei den Engeln Gottes über einen einzigen Sünder, der zu Gott umkehrt."

Der verlorene Sohn und sein Bruder

69
Lk 15,11–32

Jesus erzählte weiter: „Ein Mann hatte zwei Söhne. Der jüngere von ihnen sagte: ‚Vater, gib mir jetzt schon von deinem Vermögen. Gib mir soviel, wie ich nach deinem Tod erben werde.' Da teilte der Vater seinen Besitz auf.

Nach wenigen Tagen packte der jüngere Sohn alles zusammen und zog in ein fernes Land. Dort lebte er nur nach seinen Vergnügen. Er gab sein Geld mit vollen Händen aus. Als er alles verbraucht hatte, kam eine große Hungersnot über das Land. Und es ging ihm sehr schlecht. Da ging er zu einem Bürger des Landes. Den bettelte er an und ließ ihm keine Ruhe. Da schickte ihn der Mann zur Arbeit auf seine Felder. Dort sollte er die Schweine hüten. Er war so hungrig, dass er am liebsten von dem Schweinefutter gegessen hätte. Aber niemand gab ihm davon. Da besann er sich und dachte in seinem Herzen: ‚Die vielen *Tagelöhner meines Vaters haben mehr als genug zu essen. Und ich sterbe hier vor Hunger. Ich will mich auf den Weg machen und zu meinem Vater zurückgehen. Dann werde ich ihm sagen: Vater, ich habe gesündigt gegen Gott und gegen dich. Ich bin nicht mehr wert, dein Sohn zu sein. Lass mich für dich arbeiten wie einen von deinen Tagelöhnern.'

Dann machte er sich auf den Weg und ging zu seinem Vater. Der Vater sah ihn schon von weitem kommen und er hatte Mitleid mit ihm. Er lief dem Sohn entgegen, fiel ihm um den Hals und küsste ihn. Da sagte der Sohn: ‚Vater, ich habe gesündigt gegen Gott und gegen dich. Ich bin nicht mehr wert, dein Sohn zu sein.'

Der Vater aber sagte zu seinen Knechten: ‚Holt schnell das beste Gewand und zieht es ihm an. Steckt ihm einen Ring an den Finger und zieht ihm Schuhe an. Bringt das beste Kalb herbei und schlachtet es. Dann wollen wir essen und fröhlich sein. Denn mein Sohn war tot und nun lebt er wieder. Er war verloren und ist wiedergefunden worden.'

Und sie fingen an, ein fröhliches Fest zu feiern.

Der älteste Sohn arbeitete zu dieser Zeit draußen auf dem Feld. Als er heimging und in die Nähe des Hauses kam, hörte er Musik und

Tanz. Da rief er einen der Knechte und fragte ihn, was das bedeuten sollte. Der Knecht antwortete: ‚Dein Bruder ist zurückgekommen. Dein Vater hat das beste Kalb schlachten lassen, weil er ihn heil und gesund wiederbekommen hat.' Da wurde der ältere Bruder zornig und wollte nicht ins Haus gehen um mitzufeiern.

Sein Vater aber kam heraus und redete ihm gut zu. Doch er antwortete ihm: ‚Vater, ich arbeite schon so viele Jahre für dich. Immer habe ich getan, was du mir gesagt hast. Aber mir hast du niemals auch nur einen Ziegenbock geschenkt, damit ich mit meinen Freunden ein Fest feiern konnte. Jetzt aber kommt der da zurück, dein Sohn. Er hat dein Geld mit fremden Weibern durchgebracht und trotzdem lässt du für ihn das beste Kalb schlachten.'

Der Vater antwortete ihm: ‚Mein Kind, du bist doch immer bei mir. Und alles, was mir gehört, gehört auch dir. Aber jetzt müssen wir uns doch freuen und ein Fest feiern. Denn dein Bruder war tot und nun lebt er wieder. Er war verloren und ist wiedergefunden worden.' "

Der barmherzige Samariter

70

Lk 10,25–37

Ein Lehrer des *Gesetzes stand auf. Er wollte Jesus auf die Probe stellen und fragte ihn: „*Rabbi, was muss ich tun, damit ich das ewige Leben bekomme?" Jesus sagte zu ihm: „Lies im Gesetz nach. Was steht dort?" Er antwortete: „Du sollst den Herrn, deinen Gott, lieben mit ganzem Herzen und ganzer Seele, mit all deiner Kraft und all deinen Gedanken – und: Deinen Nächsten sollst du lieben wie dich selbst."

Jesus sagte zu ihm: „Du hast richtig geantwortet. Tu dies und du wirst ewig leben." Der Lehrer des Gesetzes aber wollte erklären, warum er gefragt hatte. Deshalb sagte er zu Jesus: „Wer ist denn mein Nächster?"

Darauf erzählte ihm Jesus dieses Gleichnis: „Ein Mann ging von *Jerusalem nach *Jericho hinunter. Auf dem Weg wurde er von Räubern überfallen. Sie nahmen ihm alles weg und schlugen ihn nieder. Dann machten sie sich davon und ließen ihn halb tot liegen.

Zufällig kam ein *Priester denselben Weg herab; er sah ihn und ging weiter. Auch ein *Levit kam zu der Stelle; er sah ihn und ging weiter.

Dann kam ein Mann aus *Samaria, der auf einer Reise war. Als er den Verwundeten sah, hatte er Mitleid mit ihm. Er ging zu ihm hin, goss Öl und Wein über seine Wunden und verband sie. Dann hob er ihn auf sein Reittier. Er brachte ihn in ein Gästehaus und sorgte für ihn. Am anderen Morgen holte er zwei *Denare hervor. Die gab er dem Wirt und sagte: ‚Sorge für diesen Mann. Und wenn du mehr Geld für ihn brauchst, werde ich es dir bezahlen, wenn ich zurückkomme.'

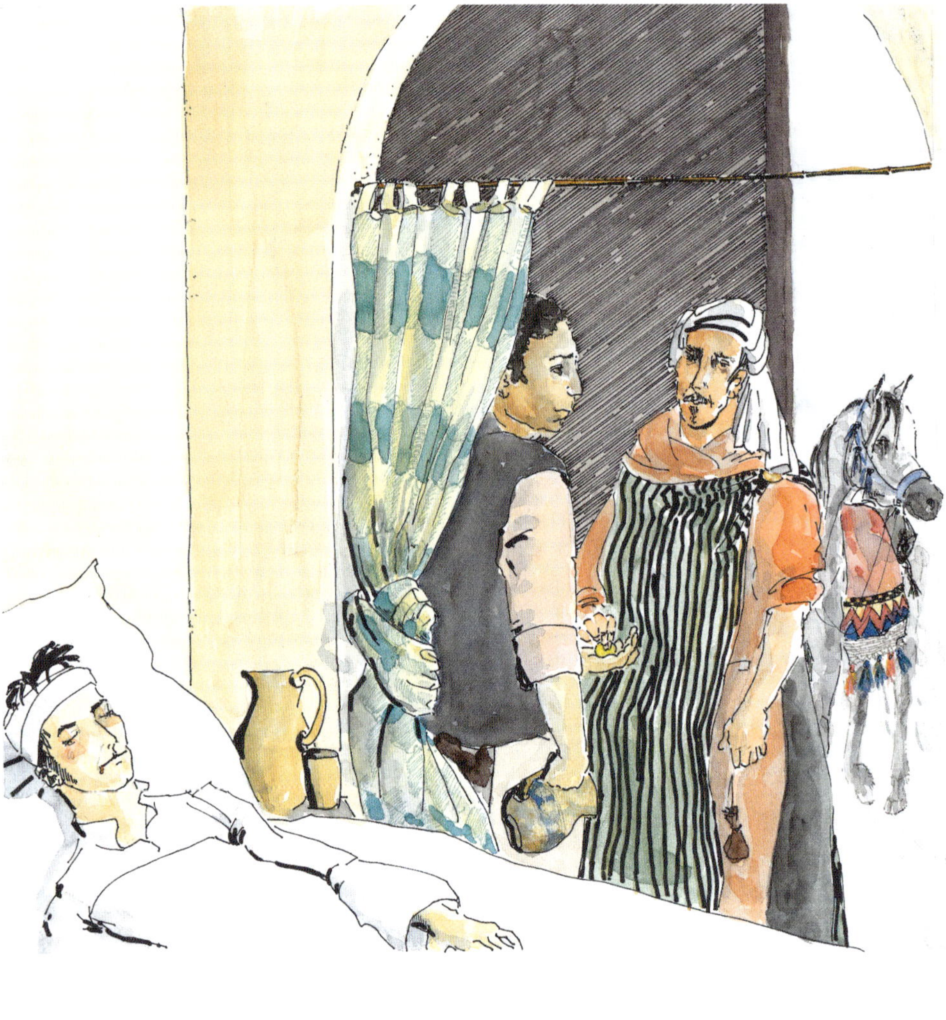

Was meinst du: Wer von diesen dreien ist der Nächste gewesen für den Mann, der von den Räubern überfallen wurde?"

Der Lehrer des Gesetzes antwortete: „Derjenige, der ihm aus Mitleid geholfen hat."

Da sagte Jesus zu ihm: „Dann geh hin und mache es genauso!"

Fünf Brote und zwei Fische

71
Mk 6,30–44

Die Apostel hatten sich bei Jesus versammelt. Sie waren in seinem Auftrag ausgezogen, hatten Kranke geheilt, Dämonen ausgetrieben und die Botschaft vom Reich Gottes verkündet. Da sagte er zu ihnen: „Kommt mit an einen einsamen Ort, wo wir allein sind. Dort wollen wir ein wenig ausruhen." Denn sie fanden nicht einmal Zeit zum Essen, weil so viele Menschen zu ihnen kamen.

Sie fuhren also mit dem Boot in eine einsame Gegend, um allein zu sein. Aber einige Leute sahen, in welche Richtung sie ruderten. Und erzählten auch anderen davon. Da liefen die Menschen aus allen Städten am Seeufer zu Fuß voraus und kamen noch vor ihnen an. Als Jesus aus dem Boot stieg und die vielen Menschen sah, hatte er Mitleid mit ihnen. Sie waren wie Schafe, die keinen Hirten haben. Und er lehrte sie vieles.

Gegen Abend kamen seine Jünger zu ihm und sagten: „Der Ort ist einsam und es ist schon spät. Schick sie weg! Sie sollen in die nahe gelegenen Bauernhöfe und Dörfer gehen und sich etwas zu essen kaufen."

Jesus antwortete: „Gebt ihr ihnen zu essen!"

Sie sagten zu ihm: „Sollen wir wirklich für zweihundert *Denare Brot kaufen, damit sie zu essen haben?" Er fragte sie: „Wie viele Brote habt ihr? Geht und seht nach!" Sie sahen nach und meldeten ihm: „Fünf Brote und dazu noch zwei Fische."

Da befahl er ihnen: „Sagt den Leuten, sie sollen sich in Gruppen ins grüne Gras setzen." Und alle setzten sich zusammen, manche Gruppen zu hundert und manche zu fünfzig.

Dann nahm Jesus die fünf Brote und die zwei Fische. Er schaute zum Himmel hinauf und sprach den Segen. Er brach die Brote in Stücke und ließ sie von den Jüngern an die Leute austeilen. Auch die zwei Fische ließ er unter allen verteilen. Und alle aßen und wurden satt.

Als die Jünger später die Reste der Brote und auch der Fische einsammelten, wurden zwölf Körbe davon voll. Es waren fünftausend Menschen, die von den Broten gegessen hatten.

Jesus kommt über das Wasser

72
Mk 6,45–52

Gleich darauf drängte Jesus seine *Jünger, ins Boot zu steigen. Sie sollten nach Betsaida vorausfahren. Diese Stadt lag am anderen Ufer des Sees. Er selbst wollte inzwischen die Leute nach Hause schicken. Als er sich von ihnen verabschiedet hatte, ging er auf einen Berg um zu beten.

Spät am Abend war das Boot mitten auf dem See. Jesus aber war allein an Land. Und er sah, wie sehr sich die Jünger beim Rudern anstrengen mussten, denn sie hatten Gegenwind. Als die Nacht beinahe zu Ende war, kam Jesus über den See zu ihnen. Er wollte an ihnen vorübergehen. Die Jünger sahen ihn über den See kommen. Sie meinten, es sei ein Gespenst. Und sie schrien vor Angst. Alle sahen ihn und erschraken sehr. Doch er sprach sie an und sagte: „Habt nur Mut, ich bin es. Fürchtet euch nicht!" Dann stieg er zu ihnen ins Boot und der Wind hörte auf zu wehen.

Die Jünger aber waren verwirrt und außer sich. Ihre Augen hatten zwar gesehen, wie Jesus die vielen Menschen mit fünf Broten und zwei Fischen satt gemacht hatte. Aber ihre Herzen waren verstockt. Sie hatten noch nicht verstanden, was das bedeutete.

Jesus segnet die Kinder

73

Mk 10,13–16

Die Menschen brachten ihre Kinder zu Jesus.
Sie wollten, dass er sie mit seinen Händen berührte.
Die *Jünger aber drängten die Leute unfreundlich zur Seite.
Als Jesus das sah, wurde er zornig und sagte zu ihnen:
„Lasst die Kinder zu mir kommen.
Haltet sie nicht zurück,
denn ihnen gehört das *Reich Gottes.
*Amen, das sage ich euch:
Wer an das Reich Gottes nicht so glaubt wie ein Kind,
der wird nicht hineinkommen."
Und er nahm die Kinder in seine Arme.
Dann breitete er seine Hände über sie aus
und segnete sie.

Jesus besucht einen Zöllner

74
Lk 19,1–10

Als Jesus nach *Jericho kam, ging er durch die Stadt. Dort wohnte ein Mann mit Namen Zachäus. Er war der oberste *Zöllner und er war sehr reich. Er wollte gerne sehen, wer dieser Jesus war. Doch die vielen Menschen versperrten ihm die Sicht, denn er war klein von Gestalt. Darum lief er voraus und stieg auf einen Maulbeerfeigenbaum. So würde er Jesus sehen, der dort vorbeikommen musste. Als Jesus zu der Stelle kam, sah er hinauf und sagte zu ihm: „Zachäus, komm schnell herunter. Denn ich will heute als Gast in dein Haus kommen." Da stieg Zachäus schnell hinunter und nahm Jesus voll Freude bei sich auf.

Als die Leute das sahen, waren sie empört und sagten: „Er ist bei einem Sünder eingekehrt." Zachäus aber sprach zu Jesus: „Herr, die Hälfte von allem, was mir gehört, will ich den Armen geben. Und wenn ich einem zu viel Geld abgenommen habe, gebe ich ihm viermal so viel zurück."

Da sagte Jesus: „Heute ist diesem Haus das *Heil geschenkt worden, weil auch dieser Mann zu den Kindern Abrahams gehört. Denn ich bin gekommen um zu suchen und zu retten, was verloren ist."

Geborgen und sicher

75
Joh 10,11–14

Jesus sprach zu seinen Jüngern und den versammelten Juden: „Ich bin der gute Hirt. Der gute Hirt gibt sein Leben hin für seine Schafe. Der bezahlte Knecht aber ist kein Hirt und ihm gehören die Schafe nicht. Wenn der Knecht den Wolf kommen sieht, lässt er die Schafe im Stich und flieht. Und der Wolf tötet die Schafe und jagt sie auseinander. Der Knecht flieht, weil er nur ein bezahlter Knecht ist. Ihm liegt nichts an den Schafen.

Ich bin der gute Hirt. Ich kenne die Meinen."

Ein Blinder sieht wieder

76 Jesus zog mit seinen *Jüngern und einer großen Menschenmenge hinaus aus der Stadt *Jericho. Da saß an der Straße ein blinder
Mk 10,46–52 Bettler. Er hieß Bartimäus, das heißt: Sohn des Timäus. Als er hörte, dass Jesus von Nazaret vorbeizog, rief er laut: „*Sohn Davids, Jesus, hab Erbarmen mit mir!"

Viele Leute wurden ärgerlich und sagten ihm, er solle schweigen.
Er aber schrie noch viel lauter: „Sohn Davids, hab Erbarmen mit mir!"
Jesus blieb stehen und sagte: „Ruft ihn her!"
Sie riefen den Blinden und sagten zu ihm:
„Hab nur Mut, steh auf, er ruft dich."
Da warf Bartimäus seinen Mantel weg, sprang auf und lief auf Jesus zu.
Jesus fragte ihn: „Was willst du? Was soll ich für dich tun?"
Der Blinde antwortete: „*Rabbuni, ich möchte wieder sehen können."
Da sagte Jesus zu ihm: „Geh nur!
Dein Glaube hat dich gesund gemacht."
Im gleichen Augenblick konnte er wieder sehen
und er folgte Jesus auf seinem Weg.

Ein Gelähmter kann wieder gehen

77 Jesus kam nach *Kafarnaum. Die Menschen erfuhren, dass er wieder zu Hause war. Und es versammelten sich so viele, dass nicht ein-
Mk 2,1–12 mal mehr vor der Tür Platz war. Jesus verkündete ihnen das Wort.

Da brachte man einen Gelähmten zu ihm. Er lag auf einer Tragbahre und wurde von vier Männern getragen. Aber wegen der vielen Leute konnten sie ihn nicht bis zu Jesus bringen. Da deckten sie dort, wo Jesus war, das Dach ab. Sie öffneten die Decke und ließen den Gelähmten auf seiner Tragbahre durch die Öffnung hinab.

Als Jesus ihren Glauben sah, sagte er zu dem Gelähmten: „Mein Sohn, deine Sünden sind dir vergeben!"

Es saßen aber dort einige Schriftgelehrte. Sie dachten im Stillen: „Wie kann dieser Mensch so reden? Er beleidigt Gott. Wer kann Sünden vergeben als Gott allein?"

Jesus erkannte sofort, was sie dachten, und sagte zu ihnen: „Was für Gedanken habt ihr im Herzen? Ist es leichter, zu dem Gelähmten zu sagen: Deine Sünden sind dir vergeben! Oder ist es leichter zu sagen: Steh auf, nimm deine Tragbahre und geh umher? Ihr sollt aber erkennen, dass ich die Macht habe, hier auf der Erde Sünden zu vergeben."

Und er sagte zu dem Gelähmten: „Ich sage dir: Steh auf, nimm deine Tragbahre und geh nach Hause."

Der Mann stand sofort auf, nahm seine Tragbahre und ging vor aller Augen weg. Da gerieten alle außer sich. Sie lobten Gott und sagten: „So etwas haben wir noch nie gesehen."

Leiden und Sterben Jesu

Jesus zieht nach Jerusalem hinauf

78
Mk 11,1–10

Sie kamen in die Nähe von *Jerusalem, nach Betfage und Betanien am *Ölberg. Da schickte Jesus zwei von seinen *Jüngern voraus. Er sagte zu ihnen: „Geht in das Dorf, das vor euch liegt! Gleich, wenn ihr hineinkommt, werdet ihr einen jungen Esel finden. Er ist angebunden und auf ihm ist noch nie ein Mensch geritten. Bindet ihn los und bringt ihn her! Und wenn jemand fragt: ‚Was tut ihr da?', dann antwortet: ‚Der Herr braucht ihn und er lässt ihn bald wieder zurückbringen.' "

Da machten sie sich auf den Weg. Sie fanden in einer Straße einen jungen Esel. Er war an einer Tür angebunden und sie banden ihn los. Einige Leute, die dabei standen, sagten zu ihnen: „Wie kommt ihr dazu, den Esel loszubinden?" Sie gaben zur Antwort, was Jesus ihnen gesagt hatte. Da ließ man sie in Ruhe.

Die beiden Jünger brachten den jungen Esel zu Jesus. Sie legten ihre Mäntel auf das Tier und er setzte sich darauf. Viele Menschen breiteten ihre Mäntel auf der Straße vor ihm aus. Andere rissen Zweige von den Sträuchern und streuten sie vor ihm auf den Weg. Die Leute, die ihn begleiteten, riefen:

„*Hosanna!
Gesegnet sei er, der kommt im Namen des Herrn!
Gesegnet sei das Reich unseres Vaters David,
das nun kommt.
Hosanna in der Höhe!"

Eine Frau aus Betanien salbt Jesus

Jesus war in Betanien. Dort saß er im Haus Simons des Aussätzigen bei Tisch. Da kam eine Frau mit einem *Alabasterfläschchen. Es war gefüllt mit einem duftenden Öl aus echter, kostbarer *Narde. Die Frau zer- 79

Mk 14,3–9

brach das Fläschchen und goss Jesus das Duftöl über sein Haar. Einige Gäste ärgerten sich und sagten zueinander: „Was für eine Verschwendung! Besser hätte man das Öl für mehr als dreihundert *Denare verkauft und das Geld den Armen gegeben."

Und sie machten der Frau schwere Vorwürfe.

Jesus aber sagte: „Hört auf! Warum lasst ihr sie nicht in Ruhe? Sie hat Gutes an mir getan. Arme Menschen habt ihr immer bei euch. Aber mich habt ihr nicht immer bei euch. Diese Frau hat das Beste getan, was sie tun konnte: Sie hat mich im Voraus für mein Begräbnis gesalbt. *Amen, ich sage euch: Überall auf der Welt, wo die Frohe Botschaft verkündet wird, wird man sich an sie erinnern. Und man wird erzählen, was sie getan hat."

Das Abendmahl

80

Mk 14,12–17
Mk 14,22–25

Es war am *Fest der Ungesäuerten Brote. Am ersten Tag dieses Festes schlachtete man in *Israel das Paschalamm und hielt ein Festmahl.

Die *Jünger fragten Jesus: „Wo sollen wir das *Paschamahl für dich vorbereiten?"

Da schickte Jesus zwei von ihnen voraus und sagte zu ihnen: „Geht in die Stadt. Dort werdet ihr einen Mann treffen, der einen Wasserkrug trägt. Folgt ihm, bis er in ein Haus hineingeht. Dann sollt ihr zu dem Herrn des Hauses sagen:

‚Der *Rabbi lässt dich fragen: Wo ist das Zimmer, in dem ich mit meinen Jüngern das Paschalamm essen kann?'

Und der Hausherr wird euch im oberen Stockwerk einen großen Raum zeigen. Er ist schon für das Festmahl vorbereitet und mit Polstern ausgelegt. Dort bereitet alles für uns vor."

Die Jünger machten sich auf den Weg und kamen in die Stadt.
Sie fanden alles so, wie er es ihnen gesagt hatte.
Und sie bereiteten das Paschamahl vor.
Als es Abend wurde, kam Jesus mit den zwölf *Aposteln.
Während des Mahls nahm er das *Brot und sprach den Segen;
dann brach er das Brot, reichte es ihnen und sagte:
„Nehmt, das ist mein Leib."
Dann nahm er den Kelch, sprach das Dankgebet,
reichte ihn den Jüngern und sie tranken alle daraus.
Und er sagte zu ihnen:
„Das ist mein Blut, das Blut des Bundes, das für viele vergossen wird.
Amen, ich sage euch: Ich werde nicht mehr von den Früchten
des Weinstocks trinken bis zu dem Tag,
an dem ich von neuem davon trinke im *Reich Gottes."

Judas verrät Jesus

81

Mk 14,10–11
Mk 14,18–21

Judas Iskariot, einer der zwölf *Apostel, ging zu den *Hohen Priestern. Er wollte Jesus an sie verraten. Als sie das hörten, freuten sie sich. Sie versprachen, ihn mit Geld dafür zu bezahlen.

Von da an suchte Judas nach einer günstigen Gelegenheit um Jesus in ihre Gewalt zu geben.

Als Jesus mit den Aposteln zu Tisch saß, sagte er:
„*Amen, ich sage euch: Einer von euch wird mich verraten.
Es ist einer von denen, die zusammen mit mir essen."
Da wurden sie traurig und einer nach dem anderen fragte ihn:
„Du meinst doch nicht etwa mich?"
Er sagte zu ihnen: „Es ist einer von euch Zwölf,
einer, der mit mir aus derselben Schüssel isst.
Ich muss zwar diesen schweren Weg gehen,
wie die Schrift ihn vorhersagt.
Aber wehe dem Menschen, durch den ich verraten werde!
Für ihn wäre es besser, wenn er nie geboren wäre."

Auf dem Weg zum Ölberg

Am Endes des Mahles sangen sie das Lob Gottes. Dann gingen sie hinaus zum *Ölberg. Da sagte Jesus zu ihnen: „Ihr alle werdet an mir irrewerden und ihr werdet verzweifeln. Denn in der Schrift steht: ‚Ich werde den Hirten erschlagen. Dann werden die Schafe auseinander laufen und sich zerstreuen.' Aber wenn ich von den Toten auferstanden bin, werde ich euch nach *Galiläa vorausgehen." 82

Mk 14,26–31

Da sagte Petrus zu ihm: „Auch wenn alle an dir irrewerden – ich nicht!"

Jesus antwortete ihm: „*Amen, ich sage dir: Heute Nacht wirst du sagen, dass du nicht zu mir gehörst. Noch ehe der Hahn zweimal kräht, wirst du mich dreimal verleugnen."

Petrus aber sagte: „Und wenn ich mit dir sterben müsste – ich würde dich niemals verleugnen."

Das Gleiche sagten auch alle anderen.

Jesus betet in Todesangst

Sie kamen zu einem Garten am *Ölberg, der *Getsemani heißt. Jesus sagte zu seinen *Jüngern: „Setzt euch und wartet hier, während ich bete." Und er nahm Petrus, Jakobus und Johannes mit sich. 83

Mk 14,32–42

Da ergriffen ihn Angst und Schrecken und er sagte zu ihnen: „Meine Seele ist traurig, als müsste ich sterben. Bleibt hier und wacht mit mir!"

Und er ging ein Stück weiter und warf sich auf die Erde nieder. Er betete: „Wenn es möglich ist, dann lass mich diese schwere Stunde nicht erleben. *Abba, lieber Vater, alles ist für dich möglich. Lass diesen Kelch an mir vorübergehen. Aber nicht, was ich will, soll geschehen, sondern was du willst."

Er ging zurück und sah, dass seine Jünger schliefen. Da sagte er zu Petrus: „Simon, du schläfst? Konntest du nicht einmal eine Stunde mit mir wach bleiben? Wacht und betet, damit ihr nicht in Versuchung fallt. Der Geist ist willig, aber das Fleisch ist schwach."

Und er ging wieder weg und betete mit den gleichen Worten. Als er zurückkam, sah er, dass sie schon wieder schliefen. Die Augen waren ihnen zugefallen. Und sie wussten nicht, wie sie es ihm erklären sollten.

Und er kam zum dritten Mal und sagte zu ihnen: „Schlaft ihr immer noch und ruht euch aus? Es ist genug. Die Stunde ist gekommen. Jetzt werde ich den Sündern ausgeliefert. Steht auf, wir wollen gehen! Seht, der Verräter ist schon nahe."

Jesus wird gefangen genommen

84

Mk 14,43–50

Noch während Jesus redete, kam Judas, einer der zwölf *Apostel. Er kam zusammen mit einer Gruppe von Männern. Sie trugen Schwerter und Knüppel. Sie waren von den *Hohen Priestern, den *Schriftgelehrten und *Ältesten geschickt worden. Der Verräter hatte mit ihnen ein Zeichen verabredet. Er hatte ihnen gesagt: „Der, den ich küssen werde, der ist es. Nehmt ihn gefangen! Führt in weg und lasst ihn nicht entfliehen."

Und als Judas kam, ging er gleich auf Jesus zu. Er sagte: „*Rabbi!" Und er küsste ihn. Da ergriffen die Männer Jesus und nahmen ihn gefangen.

Da sagte Jesus zu ihnen: „Wie gegen einen Räuber seid ihr ausgezogen. Mit Schwertern und Knüppeln seid ihr gekommen, um mich gefangen zu nehmen. Tag für Tag war ich bei euch im *Tempel und lehrte. Da hättet ihr mich leicht verhaften können. Aber das hier ist geschehen, damit wahr wird, was in den heiligen Schriften steht."

Da ließen ihn alle im Stich und flüchteten.

Jesus wird vor dem Hohen Rat angeklagt

85

Mk 14,53–65

Die Männer hatten Jesus gefangen genommen. Sie führten ihn zum Palast des *Hohen Priesters. Dort versammelten sich alle Hohen Priester und *Ältesten und die *Schriftgelehrten. Petrus war Jesus von weitem bis in den Hof des Palastes gefolgt. Nun saß er dort bei den Dienern und wärmte sich an einem Feuer.

Die Hohen Priester und der ganze *Hohe Rat suchten nach Anklagen gegen Jesus, um ihn zum Tod zu verurteilen. Sie fanden aber nichts. Zwar sagten viele Zeugen falsche Dinge über Jesus. Aber was sie sagten, passte nicht zusammen. Einige der falschen Zeugen behaupteten: „Wir haben gehört, wie er gesagt hat: ‚Ich werde diesen von Menschen gebauten *Tempel zerstören. In drei Tagen werde ich einen anderen Tempel aufbauen, der nicht von Menschen gemacht wurde.'" Aber auch in diesem Fall passten ihre Aussagen nicht zusammen.

Da stand der Hohe Priester auf, trat in ihre Mitte und fragte Jesus: „Willst du denn nicht antworten auf das, was diese Leute gegen dich aussagen?"

Jesus aber schwieg und gab keine Antwort. Da befragte ihn der Hohe Priester noch einmal und sagte: „Bist du der *Messias, der Sohn Gottes?"

Jesus antwortete: „Ich bin es. Ihr werdet mich an der rechten Seite Gottes sitzen sehen. Und ihr werdet mich kommen sehen auf den Wolken des Himmels."

Da zerriss der Hohe Priester sein Gewand und rief: „Wozu brauchen wir noch Zeugen? Ihr habt ja selbst gehört, wie er Gott verhöhnt hat. Was ist eure Meinung über ihn?" Und sie sprachen einstimmig das Urteil: „Er ist schuldig und muss sterben."

Einige von ihnen spuckten ihn an. Sie verdeckten ihm die Augen, schlugen ihn und riefen: „Sage uns, wer dich geschlagen hat! Beweise uns, dass du ein *Prophet bist!" Auch die Diener schlugen ihm ins Gesicht.

Petrus verleugnet Jesus

86 Als Petrus unten im Hof war, kam eine der Dienerinnen des *Hohen Priesters. Sie sah, wie Petrus sich am Feuer wärmte. Da schaute sie ihn an und sagte: „Auch du warst mit diesem Jesus aus *Nazaret zusammen." Doch er stritt es ab und sagte: „Ich weiß nicht, was du meinst. Ich verstehe gar nicht, wovon du redest." Dann ging er in den Vorhof hinaus.

Mk 14,66–72

Und es krähte ein Hahn.

Die Magd aber sah ihn auch im Vorhof. Und sie sagte noch einmal zu den Leuten in seiner Nähe: „Der da gehört auch zu ihnen." Petrus aber leugnete es wieder. Etwas später sagten die Leute im Vorhof von neuem zu Petrus: „Du gehörst bestimmt zu ihnen. Du bist doch auch ein Mann aus *Galiläa."

Da fing Petrus an zu fluchen und zu schwören und sagte: „Ich kenne diesen Menschen nicht, von dem ihr redet."

Gleich darauf krähte der Hahn zum zweiten Mal.

Und Petrus erinnerte sich daran, dass Jesus zu ihm gesagt hatte: „Ehe der Hahn zweimal kräht, wirst du mich dreimal verleugnen."

Und er begann zu weinen.

Pilatus spricht das Todesurteil

87 Am frühen Morgen beschlossen die *Hohen Priester, die *Ältesten und die *Schriftgelehrten, was mit Jesus geschehen sollte: Sie ließen ihn fesseln und abführen. Dann brachten sie ihn vor den römischen *Statthalter Pontius Pilatus.

Mk 15,1–15

Pilatus fragte Jesus: „Bist du der König der Juden?"

Jesus antwortete ihm: „Du sagst es."

Die Hohen Priester klagten Jesus an. Da befragte ihn Pilatus wieder und sprach: „Willst du denn nichts dazu sagen? Hör doch, wie viele Anklagen sie gegen dich vorbringen."

Jesus aber gab keine Antwort mehr. Darüber wunderte Pilatus sich sehr.

Jedes Jahr zum *Paschafest ließ Pilatus einen Gefangenen frei. Das Volk durfte wählen, welcher es sein sollte. Damals saß gerade ein Mann mit Namen Barabbas im Gefängnis. Er war zusammen mit anderen eingesperrt worden, weil er bei einem Aufstand einen Menschen getötet hatte.

Die Volksmenge zog also zu Pilatus. Sie baten ihn, auch in diesem Jahr einen Gefangenen freizulassen.

Pilatus fragte sie: „Wollt ihr, dass ich den König der Juden freilasse?" Er merkte nämlich, dass die Hohen Priester Jesus nur aus Neid an ihn ausgeliefert hatten. Die Hohen Priester aber hetzten die Leute auf. Sie sollten die Freiheit für Barabbas verlangten.

Pilatus fragte sie von neuem: „Was soll ich dann mit dem tun, den ihr den König der Juden nennt?"

Da schrien sie: „Kreuzige ihn!"

Pilatus antwortete: „Was hat er denn für ein Verbrechen begangen?"

Sie aber schrien noch lauter: „Kreuzige ihn!"

Um die Menge zu beruhigen ließ Pilatus den Barabbas frei. Dann gab er den Befehl, Jesus zu *geißeln und zu kreuzigen.

Jesus wird verspottet

88

Mk 15,16–20a

Die Soldaten führten Jesus in den Palast des *Statthalters. Dort riefen sie die ganze *Kohorte zusammen. Sie legten Jesus einen *Purpurmantel um die Schultern und machten aus dornigen Zweigen einen Kranz. Den setzten sie ihm auf den Kopf. Sie grüßten Jesus und sagten: „Heil dir, König der Juden!" Dann schlugen sie ihn mit einem Stock auf den Kopf und spuckten ihn an. Sie knieten vor ihm nieder und verneigten sich tief vor ihm.

Nachdem sie ihn so verspottet hatten, nahmen sie ihm den Purpurmantel ab und zogen ihm seine eigenen Kleider wieder an.

Jesus wird gekreuzigt

89

Mk 15,20b–32

Die Soldaten führten Jesus hinaus um ihn zu kreuzigen. Ein Mann kam gerade von der Arbeit auf dem Feld. Es war Simon von Zyrene, der Vater des Alexander und des Rufus. Den zwangen die Soldaten, das Kreuz zu tragen.

Und sie brachten Jesus an einen Ort mit dem Namen *Golgota, das heißt übersetzt: Schädelhöhe. Dort gaben sie ihm Wein, der mit *Myrrhe vermischt war. Er aber nahm nichts davon. Dann kreuzigten sie Jesus. Sie verteilten seine Kleider unter sich und ließen das Los entscheiden, was jeder von ihnen bekommen sollte.

Es war die dritte Stunde des Tages, als sie ihn kreuzigten. Und auf einem Schild war aufgeschrieben, was seine Schuld sein sollte. Es stand darauf: „Der König der Juden."

Zusammen mit Jesus kreuzigten sie zwei Räuber, den einen rechts von ihm, den anderen links. Die Leute, die vorbeikamen, verspotteten ihn. Sie schüttelten den Kopf und riefen: „Ach! Wolltest du nicht den Tempel niederreißen und in drei Tagen wieder aufbauen? Jetzt hilf dir selbst und steig herab vom Kreuz!"

Auch die *Hohen Priester und die *Schriftgelehrten verspotteten ihn. Sie sagten zueinander: „Anderen hat er geholfen. Aber sich selbst kann er nicht helfen, der *Messias, der König von *Israel. Soll er doch jetzt vom Kreuz herabsteigen. Wenn wir das sehen, werden wir an ihn glauben."

Auch die beiden Männer, die mit Jesus zusammen gekreuzigt wurden, beschimpften ihn.

Jesus stirbt am Kreuz

90 Als die sechste Stunde des Tages begann,
brach über das ganze Land eine Finsternis herein.
Mk 15,33–41 Sie dauerte bis zur neunten Stunde.
Und in der neunten Stunde rief Jesus mit lauter Stimme:
„Eloi, Eloi, lema sabachtani?"
Das heißt: „Mein Gott, mein Gott, warum hast du mich verlassen?"
Einige Leute in der Nähe hörten es und sagten:
„Hört, er ruft nach *Elija!"
Und einer von ihnen lief hin, tauchte einen Schwamm in Essig,
steckte ihn auf einen Stock und gab Jesus zu trinken.
Dabei sagte er: „Wir wollen doch sehen,
ob Elija kommt und ihn vom Kreuz abnimmt."
Jesus aber schrie laut auf. Dann starb er.
Da riss der Vorhang vor dem Allerheiligsten im *Tempel
von oben bis unten entzwei.
Ein römischer Hauptmann stand Jesus gegenüber.
Als er ihn auf diese Weise sterben sah, sagte er:
„Wahrhaftig, dieser Mensch war Gottes Sohn."
Auch einige Frauen sahen von weitem zu.
Zu ihnen gehörten Maria aus Magdala
und Maria, die Mutter des Jakobus und des Joses,
außerdem Salome.
Sie hatten Jesus gedient und waren ihm schon gefolgt,
als er noch in *Galiläa war.
Noch viele andere Frauen waren dabei,
die mit Jesus nach *Jerusalem hinaufgezogen waren.

Jesus wird begraben

91
Mk 15,42–47

Jesus starb an einem Rüsttag. Das ist der Tag vor dem *Sabbat der Juden. Am Sabbat aber durfte niemand begraben werden.

Am Abend ging deshalb ein vornehmer Ratsherr zu Pilatus. Er hieß Josef von Arimathäa. Er gehörte zu den Menschen, die auf das *Reich Gottes warteten. Josef bat Pilatus um den Leichnam Jesu.

Pilatus war überrascht zu hören, dass Jesus schon tot war. Er ließ den Hauptmann kommen und fragte ihn, ob Jesus bereits gestorben wäre. Als der Hauptmann ihm das bestätigte, überließ Pilatus dem Ratsherrn den Leichnam Jesu.

Josef kaufte ein Leinentuch. Dann nahm er Jesus vom Kreuz. Er wickelte ihn in das Tuch und legte ihn in ein *Grab. Das Grab war eine Höhle, die in einen Felsen gehauen war. Zum Schluss rollte Josef einen großen Stein vor den Eingang des Grabes.

Maria von Magdala aber und Maria, die Mutter des Jakobus und des Joses, schauten zu. Sie sahen, wohin der Leichnam Jesu gelegt wurde.

Maria von Magdala begegnet dem Auferstandenen

92
Joh 20,1.10–18

Am ersten Tag der Woche, am Tag nach dem *Sabbat, kam Maria von Magdala zum *Grab. Es war am frühen Morgen und es war noch dunkel. Da sah sie, dass der Stein vom Eingang des Grabes weggerollt war. Weinend beugte sie sich in die Grabkammer hinein.

Da sah sie drinnen zwei Engel sitzen. Sie trugen weiße Gewänder.

Der eine Engel saß dort, wo der Kopf des toten Jesus gelegen hatte.

Der andere saß dort, wo seine Füße gelegen hatten.

Die Engel sagten zu ihr: „Frau, warum weinst du?"

Sie antwortete ihnen: „Jemand hat meinen Herrn weggenommen. Und ich weiß nicht, wohin man ihn gebracht hat."

Als sie das gesagt hatte, drehte sie sich um und sah Jesus dort stehen. Sie erkannte ihn aber nicht.

Jesus sagte zu ihr: „Frau, warum weinst du? Wen suchst du?"

Maria aber meinte, er wäre der Gärtner. Sie sagte zu ihm: „Hast du den Toten weggebracht? Sag mir, wohin du ihn gelegt hast. Dann will ich ihn holen."

Jesus sagte zu ihr: „Maria!"

Rasch drehte sie sich um und sagte: „*Rabbuni, lieber Meister!"

Jesus aber sagte zu ihr: „Halte mich nicht fest, denn ich bin noch nicht zum Vater hinaufgegangen. Geh aber zu den anderen und sage ihnen: ‚Ich gehe hinauf zu meinem Vater und eurem Vater, zu meinem Gott und eurem Gott.' "

Maria von Magdala ging zu den *Jüngern und verkündete ihnen:

„Ich habe den Herrn gesehen."

Und sie richtete aus, was er ihr gesagt hatte.

Auf dem Weg nach Emmaus

93
Lk 24,13–35

Am gleichen Tag waren zwei von den *Jüngern unterwegs zu einem Dorf. Es hieß *Emmaus und lag sechzig *Stadien von *Jerusalem entfernt. Auf dem Weg sprachen sie miteinander über alles, was geschehen war. Während sie so redeten, kam Jesus dazu und ging mit ihnen. Doch sie waren wie mit Blindheit geschlagen und erkannten ihn nicht.

Er fragte sie: „Was soll das bedeuten? Worüber redet ihr miteinander?"

Da blieben sie traurig stehen. Und der eine von ihnen, der Kleopas hieß, antwortete ihm: „Bist du der Einzige in Jerusalem, der nicht weiß, was gerade dort geschehen ist?" Er fragte sie: „Was denn?" Sie antworteten ihm: „Das mit Jesus von *Nazaret. Er war ein *Prophet. Er lehrte und handelte voller Kraft vor Gott und dem ganzen Volk. Doch unsere *Hohen Priester und Anführer haben ihn zum Tode verurteilen und ans Kreuz schlagen lassen. Wir aber hatten gehofft, er wäre gekommen um *Israel zu erlösen. Und heute ist schon der dritte Tag, seitdem das alles geschehen ist."

Da sagte er zu ihnen: „Versteht ihr denn nicht? Wie mutlos sind doch eure Herzen. Warum glaubt ihr nicht, was die Propheten gesagt haben? Musste nicht der *Messias all dies leiden, um so in seine Herrlichkeit zu kommen?" Und er fing an, ihnen aus den Büchern des Mose und den Büchern der Propheten zu erklären, was in der ganzen Schrift über ihn geschrieben steht.

So kamen sie in das Dorf, zu dem sie unterwegs waren. Jesus tat so, als wollte er weitergehen. Aber sie redeten ihm zu und sagten: „Bleibe bei uns, denn es will Abend werden und der Tag hat sich geneigt."

Da ging er mit ihnen hinein, um bei ihnen zu bleiben.

Und als er mit ihnen bei Tisch saß, nahm er das *Brot. Er sprach den Segen, brach das Brot und gab es ihnen. Da gingen ihnen die Augen auf und sie erkannten ihn. Jesus aber verschwand vor ihren Augen.

Und sie sagten zueinander: „Brannte uns nicht das Herz in der Brust, als er unterwegs mit uns redete und uns die Schrift erklärte?"

Noch in derselben Stunde brachen sie auf und kehrten nach Jerusalem zurück. Sie fanden die elf *Apostel und die anderen Jünger beisammen. Diese sagten ihnen: „Der Herr ist wirklich auferstanden. Er ist dem Simon erschienen."

Da erzählten auch sie, was sie unterwegs erlebt hatten und wie sie Jesus erkannten, als er das Brot brach.

Ein Auftrag an die Jünger Jesu

94

Mt 28,16–20

Die elf Jünger gingen nach Galiläa und sie stiegen auf den Berg, den Jesus ihnen genannt hatte. Und als sie Jesus sahen, fielen sie vor ihm nieder. Einige aber hatten Zweifel.

Da trat Jesus auf sie zu und sagte zu ihnen: „Mir ist alle Macht gegeben im Himmel und auf der Erde. Darum geht zu allen Völkern und macht alle Menschen zu meinen Jüngern. Tauft sie auf den Namen des Vaters und des Sohnes und des Heiligen Geistes. Und lehrt sie alles zu befolgen, was ich euch gesagt habe. Seid gewiss: Ich bin bei euch alle Tage bis zum Ende der Welt."

Sturm und Feuerzungen

95 *Apg 2,1–13*

Als der *Pfingsttag gekommen war, waren alle am gleichen Ort. Da kam plötzlich vom Himmel her ein Brausen, wie wenn ein gewaltiger Sturm losbricht. Das ganze Haus, in dem sie waren, wurde davon erfüllt. Und es erschienen über ihnen Zungen wie von Feuer. Die verteilten sich. Auf jeden von ihnen ließ sich eine herab. Alle wurden mit Heiligem Geist erfüllt. Und sie fingen an, in fremden Sprachen zu reden, so wie der Geist sie ihnen ins Herz legte.

In *Jerusalem aber wohnten fromme Juden aus allen Völkern unter dem Himmel. Als das Brausen anfing, liefen die Menschen zusammen. Sie erschraken, denn jeder von ihnen hörte sie in seiner eigenen Sprache reden. Sie waren außer sich vor Staunen und sagten: „Sind das nicht alles *Galiläer, die hier reden? Wieso kann sie jeder von uns in seiner Muttersprache hören? Wir Menschen aus so vielen Völkern der Erde hören sie in unserer eigenen Sprache von den großen Taten Gottes erzählen."

Und alle gerieten außer sich und waren ratlos.
Die einen sagten zueinander: „Was hat das zu bedeuten?"
Andere aber spotteten: „Sie sind betrunken von süßem Wein."

Heil für alle Menschen der Erde

96 *Apg 2,14–17. 21.22.24.36–41*

Da trat Petrus vor, zusammen mit den anderen *Aposteln. Er begann zu reden und sprach mit lauter Stimme: „Ihr Juden und ihr Bewohner von *Jerusalem! Hört auf meine Worte! Diese Männer sind nicht betrunken, wie manche von euch meinen. Sondern heute ist wahr geworden, was der *Prophet Joel vorausgesagt hat:

In den letzten Tagen wird es geschehen, so spricht Gott:
Dann werde ich mit meinem Geist erfüllen

alle Menschen auf der Erde.
Eure Söhne und eure Töchter werden Propheten sein,
eure jungen Männer werden das Kommende schauen
und eure Alten werden noch Träume haben.
Und jeder wird gerettet werden,
der den Namen des Herrn anruft."

Und weiter sprach Petrus: „*Israeliten, hört auf meine Worte! Jesus aus *Nazaret tat im Namen Gottes viele Wunder vor euren Augen. Ihr aber habt ihn durch die Römer ans Kreuz schlagen lassen und ihn getötet. Doch Gott hat ihn vom Tod auferweckt.

Brüder und Schwestern, erkennt die Wahrheit: Diesen Jesus, den ihr gekreuzigt habt, hat Gott zum Herrn und *Messias gemacht."

Als die Menschen die Worte des Petrus hörten, traf es sie mitten ins Herz. Sie sagten zu Petrus und den anderen Aposteln: „Was sollen wir tun, Brüder?"

Petrus antwortete ihnen: „Kehrt um! Ändert euer Leben!

Jeder von euch soll sich auf den Namen Jesu Christi taufen lassen zur Vergebung seiner Sünden.

Dann wird Gott auch euch Heiligen Geist schenken.

Denn euch und euren Kindern und allen Menschen auf der Erde hat Gott sein *Heil versprochen."

Mit noch vielen anderen Worten redete er ihnen zu und ermahnte sie: „Lasst euch retten!"

Und alle, die ihm glaubten, ließen sich taufen. An diesem Tag gewannen sie etwa dreitausend Menschen für ihre Gemeinschaft.

Paulus begegnet Christus und wird dadurch ein anderer

97

Apg 9,1–23

Paulus wütete mit Drohung und Mord gegen die *Jünger des Herrn. Er ging zum *Hohen Priester und bat ihn um Haftbefehle. Er wollte in *Damaskus die Männer und Frauen finden, die an Jesus *Christus glaubten. Gefesselt wollte er sie nach *Jerusalem bringen.

Paulus war schon nahe bei Damaskus, da blendete ihn plötzlich ein Licht vom Himmel. Er stürzte zu Boden und hörte, wie eine Stimme zu ihm sagte: „*Paulus, Paulus, warum verfolgst du mich?“ Er antwortete: „Wer bist du, Herr?“ Da sprach die Stimme: „Ich bin Jesus, den du verfolgst. Steh auf und geh in die Stadt. Dort wird man dir sagen, was du tun sollst.“

Die Begleiter standen sprachlos da. Sie hörten zwar die Stimme, aber sie sahen niemanden. Paulus erhob sich vom Boden. Als er aber die Augen öffnete, konnte er nichts sehen. Sie nahmen ihn bei der Hand und führten ihn nach Damaskus hinein. Und er war drei Tage lang blind und er aß nicht und trank nicht.

In Damaskus lebte ein Jünger namens Hananias. Zu ihm sprach der Herr in einem Traum: „Hananias!“ Er antwortete: „Hier bin ich, Herr.“ Der Herr sagte zu ihm: „Steh auf und geh in die Straße, die man die Gerade Straße nennt. Frage im Haus des Judas nach einem Mann namens Paulus aus *Tarsus. Er betet gerade. In einem Traum hat er gesehen, wie ein Mann namens Hananias hereinkommt und ihm die Hände auflegt, damit er wieder sieht.“

Hananias antwortete: „Herr, ich habe gehört, wie viel Böses dieser Mann deinen Jüngern in Jerusalem angetan hat. Er hat die Erlaubnis des Hohen Priesters. Er wird auch hier alle verhaften, die an dich glauben.“

Der Herr aber sprach zu ihm: „Geh nur! Denn diesen Mann habe ich zu meinem Werkzeug auserwählt. Er soll meinen Namen zu fremden Völkern und zu Königen und zu den Kindern *Israels tragen. Ich werde ihm auch zeigen, wie viel er für meinen Namen leiden muss.“

Da ging Hananias hin und trat in das Haus ein. Er legte Paulus die Hände auf und sagte: „Bruder Paulus, der Herr hat mich zu dir geschickt. Es ist Jesus, der dir auf dem Weg hierher erschienen ist. Du sollst wieder sehen und mit dem Heiligen Geist erfüllt werden."

Sofort fiel es wie Schuppen von Paulus' Augen und er sah wieder. Er stand auf und ließ sich taufen. Und nachdem er etwas gegessen hatte, kam er wieder zu Kräften.

Paulus blieb einige Tage bei den Jüngern in Damaskus. Und sogleich redete er über Jesus in den *Synagogen und sagte: „Er ist der Sohn Gottes."

Alle, die das hörten, gerieten in Aufregung. Sie sagten: „Ist das nicht derselbe Mann, der in Jerusalem alle Jünger des Herrn vernichten wollte? Und ist er nicht auch hierher gekommen, um sie zu fesseln und vor den Hohen Priester zu bringen?"

Paulus redete aber mit umso größerer Kraft. Er brachte die Juden in Damaskus in Verwirrung, weil er ihnen bewies, dass Jesus der *Messias ist.

Das Leben der ersten Christen

98

Apg 2,42–47

Die ersten Christen hielten treu an der Lehre der *Apostel fest. Sie lebten gemeinsam wie Schwestern und Brüder. Sie brachen zusammen das *Brot und beteten miteinander.

Alle Menschen staunten und wurden von Furcht ergriffen. Denn die Apostel taten viele Wunder. Alle, die an *Christus glaubten, lebten in einer Gemeinschaft zusammen. Und alles, was sie besaßen, gehörte ihnen gemeinsam. Sie verkauften ihr Hab und Gut und verteilten es untereinander. Jeder bekam so viel, wie er zum Leben nötig hatte. Tag für Tag beteten sie im *Tempel. Sie brachen in ihren Häusern das Brot und hielten zusammen Mahl in Freude und mit dankbarem Herzen. Sie lobten Gott und waren beim ganzen Volk beliebt. Der Herr aber führte täglich neue Menschen in ihre Gemeinschaft, damit auch sie gerettet würden.

Die neue Schöpfung

99 Ich sah einen neuen Himmel
Offb 21,1–5 und eine neue Erde.
Denn der erste Himmel und die erste Erde
waren verschwunden.
Auch das Meer gab es nicht mehr.
Und ich sah die heilige Stadt, das neue Jerusalem.
Sie kam von Gott her aus dem Himmel herab.
Sie war schön wie eine Braut,
die sich für ihren Mann geschmückt hat.
Da hörte ich eine laute Stimme
vom Thron Gottes her rufen:
„Seht her, das ist die Wohnung Gottes
bei den Menschen.
Gott selbst wird mitten unter ihnen wohnen
und sie werden sein Volk sein.
Gott wird alle Tränen von ihren Augen abwischen.
Es wird keinen Tod mehr geben, keine Trauer,
kein Klagen und keine Not.
Denn was früher war, das ist vorüber."
Und Gott auf seinem Thron sprach:
„Seht her, ich mache alles neu!"

Kleines Bibel-Lexikon

*(Die Stichwörter sind im Bibeltext mit einem * gekennzeichnet.)*

Abba
ist ein Wort der aramäischen Sprache und bedeutet „Vater". Aramäisch ist die Sprache, die zur Zeit Jesu in →Israel gesprochen wurde. Mit „Abba" redeten die Kinder ihren Vater an.

Alabasterfläschchen
Alabaster ist ein heller, durchscheinender Stein und sieht so ähnlich aus wie Marmor. Die fest verschlossenen Fläschchen für Salböle (→Myrrhe, →Narde) wurden zur Zeit Jesu jedoch meistens aus Glas hergestellt. Zum Öffnen brach man den schmalen Hals des Fläschchens ab.

Ägypten
Ägypten liegt in Nordafrika. Zur Zeit des Alten Testaments war es ein mächtiges Reich. Sein König war der →Pharao. Das Land war fruchtbar durch den Nil. Der Nil ist mit 6700 km Länge einer der längsten Flüsse der Erde. Er mündet mit vielen Flussarmen ins Mittelmeer. Im Sommer stieg der Nil an und überschwemmte das Land. Wenn die Flut zurückging, ließ sie fruchtbaren Schlamm als Dünger auf den Feldern zurück. Wenn aber das Hochwasser ausblieb, gab es schlechte Ernten und es drohte eine Hungersnot.

Älteste
nannte man bei den →Stämmen Israels und später in den Städten des Landes →Israel die Männer, die besonders geachtet wurden. Sie waren im Krieg Anführer und im Frieden Richter und Verwalter. Zur Zeit Jesu waren die Ältesten Mitglieder des →Hohen Rates.

Amen
Das →hebräische Wort bedeutet: „So sei es!" oder „Ja, so ist es!" Mit Amen wird eine Aussage verstärkt und für richtig erklärt.

Apostel
Das griechische Wort bedeutet „Gesandter" oder „Bote". Die zwölf Apostel wurden von →Jesus berufen und gesandt, um das →Evangelium zu verkünden (→Zeuge). Nach Ostern kamen weitere hinzu; zu ihnen gehörte →Paulus.

Aschera
hieß eine Göttin der Fruchtbarkeit. Die Bewohner des Landes →Kanaan verehrten sie als die Gemahlin des →Baal.

Assyrer / Assyrien
Assyrien, das Land der Assyrer, lag im nordwestlichen Zweistromland in der fruchtbaren Ebene zwischen den beiden großen Flüssen →Eufrat und

Tigris. Hauptstädte dieses mächtigen Königreichs waren Assur und Ninive.

Baal

heißt „Herr". Das war der Name für viele Götter, die in →Kanaan und →Syrien verehrt wurden. In Kanaan wurde ein Baal verehrt, der dem Land durch Regen und günstiges Wetter Fruchtbarkeit geben sollte.

Babel / Babylon / Babylonier

Die Stadt Babylon, die auch „Babel" genannt wird, lag im südlichen Zweistromland am Ufer des Flusses →Eufrat. Sie war die Hauptstadt des mächtigen Königreichs der Babylonier.

Beschneidung

Wenn jüdische Jungen acht Tage alt sind, werden sie beschnitten, das heißt, es wird ein Stück von der Vorhaut ihres Glieds entfernt. Die Beschneidung ist bei den Völkern →Ägyptens und Vorderasiens weit verbreitet. Im Volk →Israel ist sie das Zeichen des →Bundes zwischen Gott und Abraham.

Bet-El

bedeutet „Haus Gottes". Hier befand sich ein altes israelitisches Heiligtum.

Betlehem

heißt „Haus des Brotes". Es ist eine Stadt auf einem Bergrücken 7 km südlich von →Jerusalem. Dort gab es viele Felsenhöhlen, die als Wohnungen und Ställe benutzt wurden. Betlehem war die Heimatstadt Davids. Nach den Evangelien (→Evangelium) wurde →Jesus deshalb in →Betlehem geboren.

Brechen des Brotes / Brot brechen

Mit jemandem das Brot brechen (→Fladenbrot) heißt, mit jemandem essen, mit jemandem Mahl halten. Auch für →Jesus und seine →Jünger war es ein Zeichen der Freundschaft und der Gemeinschaft. Besondere Bedeutung hat das Abendmahl, das Jesus kurz vor seinem Tod mit den Jüngern hielt. Die frühen Christen nannten die regelmäßige Feier zur Erinnerung daran „Brechen des Brotes" oder „Mahl des Herrn". Es schenkt Gemeinschaft mit Jesus über seinen Tod hinaus.

Brunnen

Im Land →Kanaan waren die Brunnen lebenswichtig. Es gab dreierlei Arten von Brunnen:

1. *Wassergruben.* Sie konnten bis zu 20 Meter tief sein, um das Grundwasser zu erreichen.
2. *Zisternen.* Das waren meist in Felsen gehauene Gruben, in denen das Regenwasser gesammelt wurde.
3. *Quellbrunnen.* Sie enthielten „lebendiges Wasser", das aus der

Tiefe der Erde kam. Wegen ihres klaren, frischen Wassers wurden diese Brunnen besonders geschätzt.

Buchrolle

Wichtige Texte wurden in biblischer Zeit auf Streifen aus →Papyrus oder Leder geschrieben. Diese Streifen waren etwa 25 cm breit und konnten bis zu 10 m lang sein. Sie wurden normalerweise nur auf einer Seite beschrieben. Der Text war in senkrechten Spalten angeordnet. Die Enden der Streifen wurden auf zwei Stäben zu einer Rolle gewickelt. Durch das Drehen der Stäbe konnte der Text abgerollt und gelesen werden.

Bürge

Wenn jemand Geld ausleiht, kann er z.B. einen Freund bitten, für ihn zu „bürgen". Der Bürge muss dann die Schulden zurückzahlen, wenn der Schuldner selbst es nicht kann oder will.

Bund

„Berit" ist das →hebräische Wort für Bund und bedeutet übersetzt „Vertrag". In einem Vertrag versprechen sich die beiden Partner, so zu handeln, wie sie es vereinbart haben. Sie verpflichten sich wechselseitig dem Bund treu zu bleiben. Die Bibel erzählt vom Bund Gottes mit den Menschen: mit Noach, mit Abraham und mit →Israel am →Sinai. Durch den Bund am Sinai wird Israel zum Volk Gottes: „Ich will euer Gott sein und ihr sollt mein Volk sein."

Christen bekennen: Gott hat durch →Jesus Christus einen neuen Bund mit allen Menschen geschlossen. Die Bibel erzählt davon, dass Gott seinem Bund treu bleibt, auch wenn die Menschen ihn immer wieder brechen.

Chaldäa/Chaldäer

hieß der südliche Teil des Zweistromlandes am Unterlauf der Flüsse →Eufrat und Tigris. Hier lagen die alten Stadtstaaten Ur und →Babylon.

Christus

ist die griechische Übersetzung des Wortes →Messias. Wenn die frühen Christen →Jesus „Christus" nennen, sagen sie damit: Jesus ist der Messias.

Damaskus

ist eine alte und bedeutende Stadt in →Syrien. Sie liegt in einer fruchtbaren und wasserreichen Ebene. Hier kreuzen sich wichtige →Karawanenstraßen. Zur Zeit des →Apostels →Paulus lebten dort auch viele Juden. Heute ist Damaskus die Hauptstadt des Staates Syrien.

Denar

hieß eine römische Silbermünze. Sie war etwa so viel wert wie der Tageslohn eines Landarbeiters.

Drachme

nannte man eine griechische Silbermünze. Sie hatte ungefähr den gleichen Wert wie ein →Denar.

Eden

Die Bibel erzählt, dass die Menschen am Anfang in Freundschaft mit Gott im Paradies lebten. Das persische Wort „Paradies" bedeutet „umzäunter Park" und wird in der Bibel auch „Garten Eden" genannt, das heißt: „Garten der Wonne".

Elija

war ein bedeutender →Prophet. Er lebte unter der Herrschaft des Königs Ahab im Nordreich →Israel. In der Bibel wird erzählt, dass Elija am Ende seines Lebens durch einen Wirbelsturm in den Himmel aufgenommen wurde. Die Israeliten erwarteten, dass er von dort am Ende der Zeit wiederkommen wird, bevor das →Reich Gottes beginnt. Diese Hoffnung hatte das jüdische Volk auch zur Zeit →Jesu.

Elle

Ein natürliches Längenmaß: Abstand von der äußersten Fingerspitze bis zum Ellenbogen, etwa 50 cm.

Emmaus

war ein Dorf in →Judäa, das etwa 12 km von →Jerusalem entfernt lag.

Erstgeborener

Der erstgeborene Sohn wurde nach dem Tod des Vaters das Oberhaupt der Familie. Er bekam den doppelten Anteil vom Erbe des Vaters. In →Israel galt der Erstgeborene als der Erbe des versprochenen göttlichen Segens.

Eufrat

Größter Fluss Vorderasiens. Er ist etwa 2700 km lang und mündet in den Persischen Golf. In der Bibel wird der Eufrat oft einfach „der Fluss" genannt. Die fruchtbare Ebene zwischen den beiden großen Flüssen Eufrat und Tigris nennt man „Zweistromland". Dort befanden sich die großen Königreiche der →Assyrer und der →Babylonier. Heute gehört dieses Gebiet zum Staat Irak.

Evangelium

Das griechische Wort bedeutet „gute Botschaft" oder „eine Botschaft, die froh macht (frohe Botschaft)". In der Bibel ist Evangelium die gute Botschaft vom Beginn einer neuen Zeit des →Heils. →Jesus hat die gute Botschaft verkündet, dass das →Reich Gottes nahe gekommen ist. Christen verkünden das Evangelium von Jesus →Christus, das heißt: sie verkünden die gute Botschaft, dass mit Jesus eine neue Zeit des Heils angefangen hat. Später werden auch die vier biblischen Schriften des Neuen Testaments, die vom Leben und Sterben Jesu erzählen, „Evangelien" genannt (Evangelium nach Matthäus, Markus, Lukas und Johannes).

Fest der ungesäuerten Brote
Eines der Hauptfeste des Volkes →Israel. Es wird als Festwoche im Anschluss an das →Paschafest gefeiert. Zur Erinnerung an den Auszug Israels aus →Ägypten werden in dieser Woche ungesäuerte →Fladenbrote gegessen. Sie werden aus Teig gebacken, der noch nicht mit Sauerteig vermischt wurde.

Fladenbrot
Brot war das Hauptnahrungsmittel. Der Teig wurde aus Gersten- oder Weizenmehl hergestellt, der mit Sauerteig vermengt wurde. Er wurde zu runden flachen Scheiben (Fladen) geformt und entweder auf heißer Asche, auf Backplatten oder in Backöfen ausgebacken. Fladenbrot wird nicht geschnitten, sondern in Stücke gebrochen.

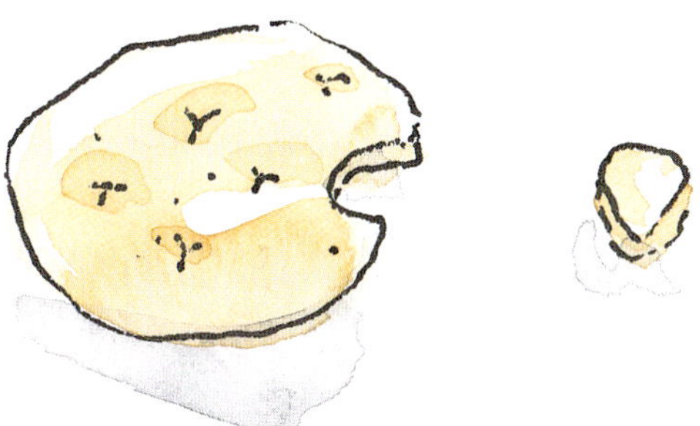

Fron, Fronvogt
Das alte deutsche Wort „Fron" bedeutet „Herrschaft". Frondienste sind Arbeiten, die der Besitzer des Landes von den Bewohnern verlangt. Frondienste waren in den alten Königreichen →Ägyptens und Vorderasiens üblich. So mussten die →Israeliten in Ägypten für den →Pharao Städte bauen. Die „Fronvögte" überwachten die Arbeiten im Auftrag des Pharao.

Galiläa
heißt das fruchtbare Land westlich des Sees →Gennesaret. Mitten in Galiläa liegt →Nazaret, das Heimatdorf →Jesu.

Garben
Getreide wurde geerntet, indem man die Halme und Ähren mit einer Sichel abschnitt und sie dann zu Büscheln zusammenband. Diese zusammen gebundenen Getreidehalme heißen „Garben".

Geißelung / geißeln
1. Bei den Juden war die Geißelung eine körperliche Strafe mit Stöcken oder Ruten. Das →Gesetz erlaubte nicht mehr als 40 Schläge. Um das Gesetz nicht versehentlich zu übertreten, gab man höchstens 39 Hiebe.
2. Bei den Römern war die Geißel eine Peitsche aus Lederriemen, die mit Knochenstücken oder Bleikugeln besetzt war. Die Geißelung wurde zur Bestrafung von Verbrechern benutzt, aber auch zur Folterung von Verdächtigen und als zusätzliche Strafe vor der Kreuzigung. Es wurden nur

Menschen gegeißelt, die zu den von Rom unterworfenen Völkern gehörten. Ein römischer Bürger durfte nicht gegeißelt werden.

Gennesaret
Der See Gennesaret liegt im Norden des Landes →Israel. Er ist etwa 21 km lang und bis zu 12 km breit. Der wichtigste Zufluss ist der →Jordan. Wegen seiner Größe wurde der See auch „das Meer“ oder „Galiläisches Meer“ (→Galiläa) genannt. Der See ist reich an Fischen.

Gerechte
Gott ist „gerecht“. Das heißt in der Bibel: Gott ist zuverlässig. Er steht zu seinem →Bund. Er will das →Heil der Menschen. Wenn Menschen nach dem Willen Gottes leben und handeln, dann werden sie „gerecht“ und die Bibel nennt sie „Gerechte“.
Wenn →Paulus von „gerecht" spricht, meint er darüber hinaus: Gott ist es, der Menschen „gerecht" macht. Menschen werden „gerecht", weil sie für Gott wertvoll sind. Die Zuwendung Gottes brauchen sie nicht zu verdienen.

Gesalbter
ist die deutsche Übersetzung der Worte →Christus und →Messias.

Gesetz
→Tora

Getsemani
bedeutet „Ölkelter“. In der Ölkelter werden die Früchte der Ölbäume zerquetscht um das Olivenöl herauszupressen. Getsemani hieß auch ein Landgut mit Garten, das am →Ölberg bei →Jerusalem lag.

Gnade
Gott ist „gnädig“ und barmherzig. Das heißt in der Bibel: Gott meint es gut mit den Menschen. Er wendet sich ihnen freundlich zu. Gottes Gnade schenkt den Menschen Leben und →Heil.

Golgota
heißt übersetzt Schädelhöhe. So heißt der Ort der Kreuzigung →Jesu. Dieser Platz der Hinrichtung und des Begräbnisses lag außerhalb der Stadtmauer von →Jerusalem.

Gomer
heißt ein biblisches Hohlmaß. Es fasst ungefähr vier Liter.

Goschen
ist eine fruchtbare ägyptische Weidelandschaft im östlichen Mündungsgebiet des Nil (→Ägypten).

Grab
Das Grab →Jesu lag in einem Garten in der Nähe von →Golgota. Es war eine in den Felsen gehauene Doppelhöhle. Der Vorraum wurde nach außen durch einen schweren Rollstein verschlossen. In der eigentlichen Grabkammer bettete man den Leichnam auf eine steinerne Bank oder in eine Wandnische.

Halleluja
Der → hebräische Ruf „Halleluja" heißt übersetzt: „Lobt → JAHWE." So beginnen und enden viele Lieder, die gesungen wurden, um Gott zu loben.

Haus Jakob
„Haus" meint hier nicht das Wohnhaus, sondern die Familie und die Nachkommen Jakobs. Jakob, ein Sohn von Isaak und Rebekka, erhielt später den Namen →Israel. Das Volk Israel sah in Jakob seinen Stammvater (→ Stämme Israels). Deshalb wird das Volk Israel in der Bibel auch „Haus Jakob" oder „Haus Israel" genannt.

Hebräer / hebräisch
Die →Israeliten wurden von den Nachbarvölkern „Hebräer" genannt. Die hebräische Sprache ist die alte Sprache des Volkes →Israel. In ihr sind viele Bücher der Bibel verfasst.

Heil
In dieser Welt ist vieles „unheil": Krankheiten, Kriege, Ungerechtigkeit, Hunger, Leid und Tod. Die Bibel erzählt, dass Gott das „Heil" der Menschen will. Das Volk →Israel hat oft in seiner Geschichte erlebt, wie Gott rettet und neues Heil schenkt. In der Begegnung mit →Jesus haben die Menschen erfahren: Dort, wo das →Reich Gottes beginnt, werden die Menschen „geheilt" und finden eine neue Gemeinschaft. Auf das vollkommene Heil warten Christen noch. Gott hat es versprochen und sie dürfen darauf hoffen. Wenn sie aus dieser Hoffnung leben und handeln, kann das schon heute die Welt „heilsam" verändern.

Hoher Priester
So hieß der oberste →Priester am →Tempel in →Jerusalem. Er hatte die Oberaufsicht über den Tempel und den Opferdienst. Nur er allein durfte,

einmal im Jahr, das Allerheiligste betreten. Der Hohe Priester war auch der Vorsitzende des →Hohen Rates.

Hoher Rat

hieß die höchste Verwaltungs- und Gerichtsbehörde der Juden, nachdem sie aus der Gefangenschaft in →Babylon zurückgekehrt waren. Der Hohe Rat hatte 70 Mitglieder, ihr Vorsitzender war der →Hohe Priester. Es gab drei Gruppen im Hohen Rat:

1. die →Ältesten,
2. die „Hohen Priester" (ehemalige Hohe Priester und hohe Tempelbeamte),
3. die →Schriftgelehrten, von denen die meisten →Pharisäer waren.

→Jesus wurde vor dem Hohen Rat angeklagt.

Horeb

ist der Name des Gottesberges, an dem während der Wüstenwanderung Gott mit →Israel den →Bund schloss und ihm das Gesetz (→Tora) gab. Dieser Berg heißt an anderen Stellen der Bibel auch Berg →Sinai.

Hosanna

Der →hebräische Ruf „Hosanna" heißt übersetzt „Hilf doch!" Er richtete sich an Gott, aber auch an den König. Später wurde Hosanna zu einem Jubelruf der Freude.

Israel / Israeliten

Jakob, ein Sohn von Isaak und Rebekka, erhielt später den Namen „Israel". Das Volk Israel sah in ihm seinen Stammvater, daher der Name „Israeliten". Auch das Land →Kanaan wurde später Land Israel genannt. Als das Reich des Königs Salomo nach dessen Tod auseinander brach, nannte sich das Nordreich „Israel". Seine Hauptstadt war →Samaria. Das Nordreich wurde später von den →Assyrern erobert und zerstört. Seit 1949 gibt es wieder einen Staat Israel. Seine Bewohner nennen sich „Israelis".

JAHWE

Dieser in der Bibel genannte Gottesname wird von Juden aus Ehrfurcht nicht ausgesprochen. Sie ersetzen ihn durch die Anrede „Adonaj", das ist das →hebräische Wort für „Herr". Die Bibel erzählt, wie Gott Mose seinen Namen nennt und ihm dessen Bedeutung erklärt: Gottes Name ist JAHWE. Man kann ihn übersetzen mit „Ich bin da". Das bedeutet: Gott ist der, der da ist und der immer da sein wird. Das ist das Versprechen, das im Namen Gottes liegt.

Jericho

ist eine der ältesten Städte der Welt. Das alte Jericho lag unterhalb des Meeresspiegels in einer Oase. Dort entspringt eine starke Quelle, die das Land ringsum fruchtbar macht. Hier hatte König Herodes das neue Jericho bauen lassen. Zur Zeit Jesu war Jericho Grenzstadt und hatte eine Zollstation (→Zöllner).

Jerusalem

liegt im jüdäischen Bergland (→Judäa), etwa 800 Meter hoch. Zur Zeit des Königs David war die Stadt noch sehr klein. Sie ist im Lauf der Jahrhunderte gewachsen, mehrmals mussten ihre Stadtmauern erweitert werden. König Salomo, der Sohn von David und

Batseba, baute in Jerusalem den →Tempel und einen Palast. Nach Salomos Tod wurde das Reich geteilt. Jerusalem blieb die Hauptstadt des Südreiches →Juda, bis dieses durch die →Babylonier zerstört wurde. Als das Volk aus der babylonischen Gefangenschaft zurückkam, baute es den Tempel wieder auf. Zum Tempel in Jerusalem gab es viele Wallfahrten, besonders an den drei großen Festen →Pascha, Wochenfest (→Pfingsttag) und Laubhüttenfest. Jerusalem war zur Zeit Jesu auch der Sitz des →Hohen Rates. In Jerusalem ist →Jesus gestorben. Dort bildete sich die erste Gemeinde der Christinnen und Christen.

Jeschurun

ist ein dichterischer Ehrenname für →Israel.

Jesreel

heißt die fruchtbare Ebene im Norden des Landes →Israel. Sie war ein wichtiger Verbindungsweg zwischen dem Westen und dem Osten des Landes. Am östlichen Rand der Ebene lag die Stadt Jesreel. Dort hatte König Ahab seinen Palast gebaut.

Jesus

Der Name „Jesus", den der Engel Maria nannte, heißt in →hebräischer Sprache „Jehoschua" oder „Joschua". Er bedeutet übersetzt: „→JAHWE ist Hilfe".

Jordan

Die Quellflüsse des Jordan entspringen im schneebedeckten Hermongebirge in →Syrien. Der etwa 220 km lange Fluss fließt von Norden nach Süden durch den See →Gennesaret und das Jordantal und mündet 10 km südlich von →Jericho in das Tote Meer.

Juda / Judäa

Juda war ein Sohn von Jakob und Lea. Nach ihm trägt einer der →Stämme Israels diesen Namen. Der Stamm Juda wohnte im gebirgigen Süden des Landes, im Land Judäa. Aus dem Stamm Juda kam David, der König über alle zwölf Stämme wurde. Nach dem Tod Salomos und der Teilung des Landes bekam das Südreich den Namen „Juda". Seine Hauptstadt war →Jerusalem. Die Bewohner des Südreichs Juda wurden auch „Juden" genannt. Später war dies der Name für alle Angehörigen des Volkes →Israel. Als das Südreich von den →Babyloniern erobert und zerstört wurde, wurde der größte Teil der Bewohner in die Gefangenschaft geführt, ins Exil. Ein Teil von ihnen kehrte später wieder nach Judäa und Jerusalem zurück. Zur Zeit Jesu herrschten die Römer in Judäa (→Statthalter).

Jünger

heißen Männer und Frauen, die einem Lehrer (→Rabbi) oder einem →Propheten folgen. Sie werden von ihm unterrichtet und leben mit ihm in einer Gemeinschaft. Auch →Jesus hat Jünger und Jüngerinnen berufen, die ihm nachfolgten.

Kafarnaum

ist eine Stadt am Nordufer des Sees →Gennesaret. Jesus wirkte und lehrte oft in Kafarnaum. Deshalb heißt sie auch „seine Stadt".

Kanaan / Kanaaniter
Kanaan hieß früher das Land zwischen dem Mittelmeer und dem →Jordan. Die Völker, die dort wohnten, nannte man Kanaaniter. Die Israeliten erzählten: Gott hat unseren Vätern und Müttern versprochen („gelobt"), dass dieses Land uns gehören soll. Deshalb nannten sie es auch das „Gelobte Land", das „Verheißene Land", das „Heilige Land".

Karawane
nennt man eine Gruppe von Pilgern oder Kaufleuten, die sich vor allem in den Wüsten Asiens oder Afrikas zusammenschließen. Sie schützen sich damit vor Gefahren und räuberischen Überfällen (siehe Abbildung oben).

Karmel
Der Karmel ist ein Bergrücken von 550 Metern Höhe mit vielen Höhlen am Südrand der Ebene →Jesreel. Auf seiner Höhe opferten die Priester des →Baal. Der Karmel war die Heimat →Elijas.

Kohorte
war im römischen Heer eine Abteilung von etwa 500 Mann.

Leviten
Sie galten als die Nachkommen des Stammvaters Levi. Er war ein Sohn von Jakob und Lea. Der Stamm Levi war ursprünglich ein Priesterstamm. Später waren die Leviten als Tempeldiener, -sänger und -musiker den →Priestern untergeordnet.

Machpela
ist ein Gelände in der Nähe von →Mamre. Die Bibel erzählt, dass Abraham dort ein Grundstück mit einer Höhle kaufte. Dort sollten die Mitglieder seiner Familie begraben werden.

Mamre / Eichen von Mamre
Mamre liegt in der Nähe der heutigen Stadt Hebron. Dort gab es ein altes Heiligtum der →Kanaaniter. Die Araber nennen Mamre „Höhe des Freundes Gottes". Mit dem „Freund Gottes" ist Abraham gemeint. Die Bibel schildert, wie er unter den Eichen von Mamre Gott ein Opfer brachte.

Maß
Das mit „Maß" übersetzte →hebräische Wort „Sea" bezeichnet ein Hohlmaß. Es misst etwa 11 Liter.

Messias
Das →hebräische Wort bedeutet →Gesalbter. Könige und Priester wurden mit duftendem Öl gesalbt und so in ihr Amt eingesetzt. Der Gesalbte ist auch der versprochene Retter, auf den →Israel wartet. Im Neuen Testament wird der Titel Messias mit →Christus übersetzt. Für Christen ist →Jesus der Christus.

Midianiter
waren ein Volk von →Nomaden. Sie zogen mit ihren Tieren von einem Weideplatz zum anderen. Die Bibel erzählt, dass Moses zu den Midianitern floh und dort Zippora, die Tochter des Priesters Jitro, heiratete. Und sie erzählt von einem Sieg der →Israeliten unter der Führung Gideons über die Midianiter, vom Sieg der Israeliten am „Tag von Midian".

Mundschenk
Die Könige im Alten Orient machten einen hohen Beamten, dem sie vertrauen konnten, zu ihrem Mundschenk. Dieser kümmerte sich um die Getränke des Königs und seiner Gäste und musste vor allem darüber wachen, dass niemand Gift darunter mischte.

Myrrhe
Im südlichen Arabien wächst der Myrrhestrauch. Aus Rissen in seiner Rinde quillt ein Harz, das angenehm duftet. Daraus stellt man wohlriechende Öle her, die zur Körperpflege und als Parfüm verwendet werden. Wenn man Wein mit Myrrhe mischt, entsteht ein berauschendes Getränk. Es wurde bei Hinrichtungen als Betäubungsmittel verwendet, um die Schmerzen der Hingerichteten zu lindern.

Narde
In Indien, im Himalayagebirge, wächst diese Pflanze. Aus ihrer Wurzel und aus den unteren Stängeln gewinnt man einen duftenden Saft. Er wird mit Öl zu einem Parfüm vermischt. Weil der Weg von Indien nach Palästina weit ist, war das Nardenöl in biblischer Zeit sehr teuer.

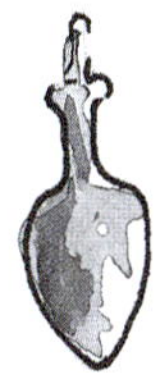

Nazaret
war ein Dorf im Süden von →Galiläa. Dort lebte →Jesus mit seinen Eltern, bis er etwa 30 Jahre alt war.

Nomaden
sind Wanderhirten, die überwiegend von der Viehzucht leben. Sie begleiten mit ihren Familien die Viehherden (Schafe, Ziegen, Rinder, Kamele) und ziehen mit ihnen von Weideplatz zu Weideplatz. Dabei leben sie meist in Zelten, die sie bei ihren Wanderungen mitnehmen.

Ölberg
Der Ölberg liegt gegenüber dem Tempelberg in →Jerusalem. Weil sich am steilen Abhang des Berges die Westwinde abregnen, gedeihen hier die Ölbäume besonders gut (→Getsemani).

Papyrus
ist ein tropisches Schilfgras, das an Flussufern und in stehenden Gewässern wächst (siehe Abbildung rechts). Die Papyrusstaude war vor allem in →Ägypten verbreitet. Sie kann bis zu vier Meter hoch werden. Aus dem Mark der Stängel wurde im Altertum Schreibmaterial hergestellt. Dazu schnitt man das Mark in dünne Streifen und klebte diese kreuzweise aneinander und übereinander. Die so entstandenen Blätter wurden gepresst, geglättet und getrocknet. Etwa 20 Blätter klebte man aneinander. So erhielt man eine →Buchrolle. Unser Wort „Papier" erinnert noch an Papyrus.

Paradies
→ Eden

Pascha / Paschamahl
In der →Tora steht, dass die →Israeliten das Paschafest in jedem Frühjahr feiern sollen. Es erinnert an die Befreiung aus der →Sklaverei in →Ägypten. Jede Familie schlachtete ein Lamm und aß es gemeinsam in einer Familienfeier, zusammen mit ungesäuertem Brot, Fruchtmus, bitteren Kräutern und Wein.

Nach den Evangelien (→Evangelium) hat →Jesus das letzte Abendmahl (→Brechen des Brotes) als Paschamahl gefeiert. Auch heute noch feiern Juden in ihren Familien das Paschafest. Das →Fest der ungesäuerten Brote schließt sich daran an.

Paulus

wurde auch Saulus genannt. Er war ein →Pharisäer, der die Christen verfolgte. Als er einmal auf dem Weg nach →Damaskus war, hatte er nach dem Zeugnis der Apostelgeschichte eine Vision (→Propheten): Er sah →Christus, der von den Toten auferstanden war. Christus sagte ihm, er dürfte die Christen nicht länger verfolgen, sondern er sollte in der ganzen Welt das →Evangelium verkünden. So wurde Paulus zum →Apostel. Er zog von Stadt zu Stadt und gründete viele christliche Gemeinden. Viele Briefe, die er diesen Gemeinden geschrieben hat, sind im Neuen Testament gesammelt. Nach einer sehr alten Überlieferung ist Paulus in Rom gestorben. Weil er ein Christ war, wurde er vom römischen Kaiser zum Tod verurteilt.

Pech

konnte man an mehreren Stellen in Palästina in Erdgruben finden. Es ist eine sehr zähe, schwarze Flüssigkeit. Pech wurde verwendet um Fugen im Holz abzudichten, außerdem als Bindemittel, denn es war so klebrig wie ein guter Leim.

Pfingsttag / Pfingstfest

Das deutsche Wort „Pfingsten" kommt vom griechischen Wort „pentecoste", das heißt übersetzt „fünfzig".
Das jüdische Pfingstfest wird am 50. Tag, also sieben Wochen nach dem →Paschafest gefeiert. Es heißt daher auch „Wochenfest". Das Pfingstfest ist ein Erntefest: An ihm werden die ersten →Garben der Weizenernte Gott zum Dank geopfert. Am Pfingstfest erinnert sich das Volk →Israel an den →Bund, den Gott am →Sinai mit dem Volk geschlossen hat.
Das christliche Pfingstfest wird am 50. Tag nach Ostern gefeiert. Am Pfingstfest erinnern sich die Christen an das Kommen des Heiligen Geistes.

Pharao

Pharao bedeutet „Hohes Haus".
Das Wort meint aber nicht den Palast des ägyptischen Königs, sondern ihn selbst.
Die Pharaonen wurden als göttliche Wesen verehrt.

Pharisäer

waren eine Gemeinschaft im Judentum. Sie befolgten nicht nur genau die Gebote der →Tora, sondern auch viele andere Vorschriften, die im Laufe der Zeit dazugekommen waren. Sie achteten besonders streng auf die vielen Reinheitsvorschriften und die Bestimmungen zum →Sabbatgebot. Im →Hohen Rat bildeten sie zur Zeit Jesu eine starke Gruppe.

Philister
Dieses Volk bewohnte einen Küstenstreifen des östlichen Mittelmeers. Sie betrieben die Schifffahrt zur See. Und sie hatten →Streitwagen und benutzten schon Geräte und Waffen aus Eisen, als die →Israeliten sie noch aus der weicheren Bronze herstellten. Zur Zeit des Propheten Samuel und des Königs Saul eroberten sie das Land →Kanaan. Erst David hat sie besiegt. Nach den Philistern erhielt das Land Kanaan später den Namen Palästina = Philisterland.

Priester
Das Wort kommt aus dem Griechischen und bedeutet „Ältester". Bei den Israeliten wurde das Amt vererbt. Wenn ein Priester Dienst hatte, ging er nach →Jerusalem zum →Tempel. Seine Aufgaben waren die Unterweisung, die Rechtsprechung und der Dienst im Tempel: Er sprach Gebete, sang Lieder zum Lob Gottes und brachte Opfer für das Volk dar.

Propheten
Sie sind Sprecher Gottes oder auch „Seher", weil sie häufig in besonderen Erlebnissen (Visionen) die Pläne und den Willen Gottes erkennen. Sie verkündeten Unheil als Strafe Gottes, aber auch sein Erbarmen für die Menschen, die sich bekehrten. Die Christen fanden in den Schriften der Propheten viele Hinweise auf den →Messias. Auch in den frühen christlichen Gemeinden gab es Propheten und Prophetinnen.
Und auch heute gibt es noch Propheten: Männer und Frauen erinnern an den Willen Gottes und widersprechen mutig, wenn Menschen unterdrückt und gedemütigt werden.

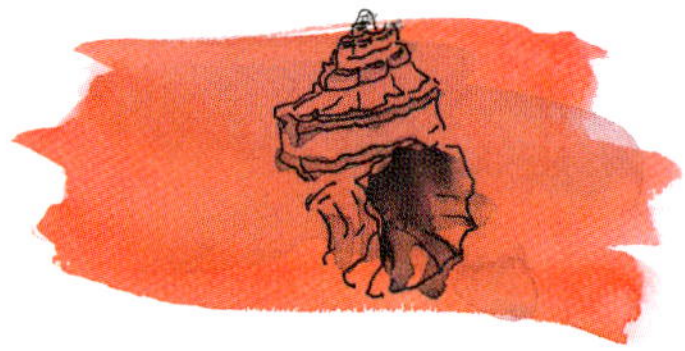

Purpur
ist eine rote oder violette Farbe, die aus den Ausscheidungen der Murex-Schnecke gewonnen wurde. Weil ihre Herstellung sehr teuer war, wurden nur die kostbarsten Gewänder mit Purpur gefärbt.

Rabbi / Rabbuni
Wörtlich heißt Rabbi „mein Herr". Es ist die respektvolle Anrede für einen →Schriftgelehrten. Rabbuni bedeutet dasselbe, drückt aber eine noch größere Hochachtung aus. Das Wort wird in Gebeten auch als Anrede für Gott verwendet.

Reben
nennt man die Ranken des Weinstocks. An diesen Ranken bilden sich Blüten und daraus entwickeln sich die Weintrauben.

Reich Gottes / Herrschaft Gottes

Die →Propheten verkünden, dass Gott der wahre König Israels ist. Sie hoffen, dass die Herrschaft Gottes bald beginnt. Denn wenn Gott als König regiert, hört alle Ungerechtigkeit auf. Im Reich Gottes herrschen Gerechtigkeit, Friede und Barmherzigkeit.

Jesus hat verkündet: Die Herrschaft Gottes ist nahe. Schon jetzt ist Gottes →Heil zu spüren. Jesus heilt Kranke, vergibt Sünden, segnet Kinder und Erwachsene und wendet sich besonders den Armen zu. Die Menschen, die an Jesus glauben, erfahren schon jetzt die →Gnade Gottes. Sie dürfen hoffen: Gott schenkt uns Leben. Gott wird kommen und seine Herrschaft vollenden. Dann wird alles gut.

Sabbat

Bei den Juden ist der siebte Tag der Woche der Ruhetag für Menschen und Vieh. Er ist ein Tag des Gebets und des Gottesdienstes. Jede Arbeit ist am Sabbat verboten, auch jeder Weg, der länger ist als etwa einen Kilometer. Die →Pharisäer legten Wert auf die genaueste Erfüllung des Sabbatgebotes.

Samaria

Samaria war eine Stadt im Land Samarien. Sie lag auf einer Höhe in fruchtbarem Hügelland etwa 45 km nördlich von →Jerusalem. Als nach dem Tod Salomos das Reich geteilt wurde, wurde Samaria die Hauptstadt des Nordreiches →Israel.

Samariter

hießen die Bewohner des Landes Samarien. Zwischen ihnen und den Juden bestand zur Zeit Jesu eine uralte Feindschaft. Die Samariter galten als Heiden, weil während ihrer Verschleppung nach →Assyrien viele heidnische Siedler ins Land gekommen waren. Als die Bürger von Jerusalem nach ihrer Rückkehr aus →Babylon den →Tempel wieder aufbauten, erlaubten sie den Samaritern nicht, daran mitzuarbeiten. Die Samariter bauten deshalb einen eigenen Tempel auf dem Berg Garizim bei →Sichem.

Schilfmeer

Mit dem Schilfmeer ist wahrscheinlich ein flaches Binnenmeer zwischen →Ägypten und der →Sinai-Halbinsel gemeint, das zu manchen Zeiten einen niedrigen Wasserstand hat.

Schriftgelehrter

Als die Juden aus der babylonischen Gefangenschaft heimkehrten, verpflichteten sie sich, das Gesetz, die →Tora, genau zu befolgen. Weil es aber Meinungsverschiedenheiten über die richtige Auslegung der Gebote gab, brauchte man Männer, die die Heilige Schrift kannten und sie erklären konnten. Diese Männer nannte man Schriftgelehrte. Sie waren als Lehrer und Richter hoch angesehen und man gab ihnen den Ehrennamen →Rabbi. Viele Rabbiner waren →Pharisäer, aber nicht alle.

Sichem / Eiche von Sichem

Sichem war eine Stadt im Land Samarien (→Samaria). Hier befand sich ein altes Heiligtum der →Kanaanäer. Die Bibel erzählt, dass Abraham und Jakob unter der Eiche von Sichem Gott Opfer dargebracht haben.

Siegel / Siegelring

Ein Siegel ist ein kleiner Stempel aus Halbedelsteinen mit einem Zeichen oder dem Namen des Besitzers.
Damit konnte man einen Abdruck in Ton oder auf anderes Schreibmaterial machen. Das galt als Unterschrift und war zugleich ein Herrschaftszeichen. Es war praktisch, das Siegel als Schmuck an einem Ring bei sich zu tragen. Solche Ringe nannte man Siegelringe.

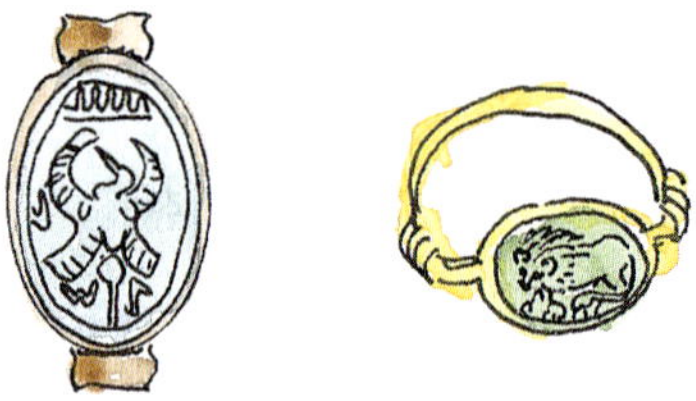

Sinai

So nennt die Bibel einen großen Berg auf der Halbinsel Sinai, die zwischen Palästina und →Ägypten liegt. Am Sinai erschien Gott dem Mose und übergab ihm die Zehn Gebote (→Horeb).

Sklaverei / Sklave / Sklavin

Ein Sklave ist ein Mensch, der einem anderen Menschen als Eigentum gehört. Wie bei anderen Völkern, gab es auch in →Israel Sklaven. Manche Menschen wurden als Gefangene in einem Krieg zu Sklaven, andere wurden es, weil sie ihre Schulden nicht bezahlen konnten. Arme Leute verkauften ihre Kinder in die Sklaverei, weil sie sonst verhungert wären. Wenn eine Sklavin ein Kind bekam, wurde es ebenfalls zum Besitz ihres Herrn. Sklaven mussten alle Arten von schwerer und gefährlicher Arbeit verrichten, man durfte sie schlagen und konnte sie weiterverkaufen. Die →Tora aber bestimmt, dass ein israelitischer Sklave nach sechs Jahren freigelassen werden muss. Und sie legt fest, dass auch die Sklaven am →Sabbat nicht arbeiten dürfen.

Sohn Davids

König David war der Stolz der →Israeliten. Er hatte die →Philister besiegt, er hatte →Jerusalem erobert und zur Hauptstadt gemacht. Er war ein großer König. In späteren Zeiten, als man keinen König mehr hatte, haben die Juden einen „Sohn Davids“ als →Messias erwartet. Diesen Titel erhält im Neuen Testament →Jesus: Für Christen ist Jesus →Christus der Messias, der „Sohn Davids“.

Spanne

Ein natürliches Längenmaß: Abstand von der Daumenspitze bis zur Spitze des Mittelfingers einer gespreizten Erwachsenenhand, etwa 25 cm.

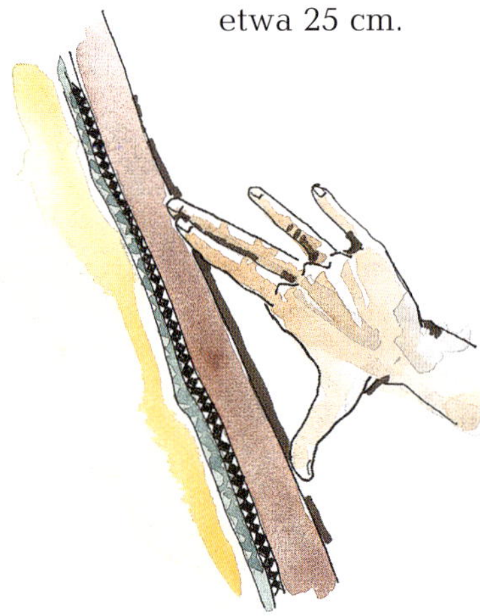

Stadie
Eine Stadie umfasst 185 Meter, das ist etwa doppelt so lang wie ein Fußballfeld. Die Rennbahn bei den Olympischen Spielen in Griechenland war eine Stadie lang; deshalb hieß sie Stadion. Auch bei uns nennt man einen großen Sportplatz Stadion.

Stämme Israels / Stammväter
Das Volk Israel setzte sich zusammen aus zwölf Gemeinschaften, die man Stämme nennt. Die Stämme führen sich zurück auf einen Stammvater, sie tragen die Namen der Söhne Jakobs. Dadurch soll deutlich werden: So wie Brüder Teile einer Familie sind, so sollen auch die Stämme Israels zusammen gehören.

Statthalter
Zum Römischen Reich gehörten viele eroberte Gebiete (→Syrien). Zu ihrer Verwaltung setzte die Regierung Stellvertreter ein: die Statthalter. Das waren hohe Beamte, die im Auftrag Roms herrschten. Pontius Pilatus war Statthalter in →Judäa. Er hat →Jesus zum Tode verurteilt.

Sterndeuter
Früh schon haben die Menschen entdeckt, dass sich die Sterne nach bestimmten Regeln am Himmel bewegen. Es gibt Sterne, die immer im gleichen Bereich stehen, und es gibt Planeten, die wandern. Männer, die den Sternenhimmel besonders gut kannten, versuchten aus dem Lauf der Sterne das Schicksal der Menschen zu erkennen. Sie wollten erforschen, ob Sterne ein besonderes Ereignis ankündigen und ob sie Glück oder Unglück verheißen können. Die →Chaldäer waren schon vor 3000 Jahren besonders berühmt für ihre Beobachtung der Sterne.

Streitwagen
Ein von Pferden gezogener zweirädriger Kampfwagen für Bogenschützen. Beim Kampf stand der Bogenschütze gemeinsam mit dem Wagenlenker, der die Zügel der Pferde hielt, auf der Plattform des Streitwagens.

Synagoge
Die Synagoge ist ein Raum zum Gebet, zum Lernen der →Tora und zur Versammlung (Opfer wurden nur im →Tempel dargebracht). Jede größere jüdische Gemeinde auf der Welt besitzt solch einen Versammlungsraum. – In Deutschland wurden von 1933 bis 1945 Jüdinnen und Juden durch die damaligen nationalsozialistischen Machthaber und Gefolgsleute verfolgt und ermordet. In der Nacht vom 9. zum 10. November 1938 wur-

den die meisten Synagogen in Brand gesteckt.

Syrien

Syrien ist das Land östlich vom Libanongebirge. Die Könige von Syrien haben etwa 200 Jahre vor Christus das Land der Juden erobert. Zur Zeit Jesu herrschten in Syrien die Römer.

Tagelöhner

waren freie Männer. Im Unterschied zu →Sklaven bekamen sie für ihre Arbeit einen festen Lohn. Dieser Tageslohn musste bei Sonnenuntergang ausbezahlt werden. Trotzdem waren sie meist arme Leute, denn der Lohn war niedrig und sie waren oft arbeitslos. Sie wurden nur dann beschäftigt, wenn die Grundbesitzer zusätzliche Hilfe brauchten. Das war vor allem in der Erntezeit der Fall.

Talent

Ein Talent hatte den Wert von 6.000 →Denaren. Das war ein großes Vermögen.

Tarsus

ist eine Stadt im Süden der heutigen Türkei. Sie war Sitz eines →Statthalters der Römer. Tarsus ist die Heimat des Apostels →Paulus.

Tempel

Ein Tempel ist ein Heiligtum zur Verehrung eines Gottes.
In der Bibel ist der Tempel das Haus Gottes. Der erste Tempel zu →Jerusalem wurde während der Herrschaft des Königs Salomo gebaut. Er wurde von den →Babyloniern zerstört. Später wurde der zweite Tempel gebaut und während der Herrschaft von König Herodes reich ausgestattet: Er war prächtiger und größer als der erste. Auch er bestand aus verschiedenen Höfen und Räumen.
Den Zugang zum „Allerheiligsten“ verdeckte ein kostbarer Vorhang. In das „Allerheiligste“ durfte nur der →Hohe Priester einmal im Jahr eintreten.
Dieser zweite Tempel wurde von den Römern zerstört. Von ihm ist heute nur noch die Westmauer zu sehen, die von den Juden Klagemauer genannt wird. Auf dem heutigen Tempelplatz stehen der muslimische Felsendom, das drittwichtigste Heiligtum der Muslime, und die Al-Aksa-Moschee.

Tora

das →hebräische Wort heißt Gesetz, Weisung oder Lehre. Im Judentum ist Tora auch der Name der →Buchrolle, die die fünf Bücher Mose enthält. Sie wird in einer Nische oder einem Schrein in der →Synagoge aufbewahrt. Der Schrein ist nach Osten gerichtet und vor ihm brennt ein Ewiges Licht. Aus der Buchrolle wird in den Gottesdiensten am →Sabbat vorgelesen. Es ist eine Ehre, wenn jemand aufgerufen wird, daraus zu lesen. Auch →Jesus hat in der Synagoge aus der Tora gelesen.
Die Tora wird bei den Juden hoch verehrt. Sie wird in kostbare Tücher gewickelt und mit silbernen oder goldenen Verzierungen geschmückt.
Einmal im Jahr feiern die jüdischen Gemeinden zu ihren Ehren ein fröhliches Fest mit Gesang und Tanz. Es heißt „Simchat Tora“ und bedeutet: „Freude am Gesetz“.

Wachteln

sind die kleinsten europäischen Hühnervögel. Sie sind Zugvögel und haben ihr Winterquartier in Afrika. Das Fleisch der Wachteln und ihre Eier sind auch heute noch bei Feinschmeckern beliebt.

Weihrauch

Der Weihrauchstrauch wächst im südlichen Arabien. Die durchsichtigen Harzkörner sind ein wertvoller Duftstoff. Wenn sie in die Glut gelegt werden und verbrennen, verbreiten sie einen angenehmen Duft. Deshalb werden sie als Opfergabe verwendet: Man schenkt Gott den teuren Weihrauch, der als duftende Wolke in die Höhe steigt.

Zeder

heißt ein immergrüner Nadelbaum, der vor allem im Libanon-Gebirge wuchs. Die Zeder wurde wegen ihrer Größe und ihrer Schönheit bewundert. Ihr festes Holz wurde als Bauholz genutzt.

Zeuge

Ein jüdisches Gericht konnte niemanden verurteilen, wenn nicht wenigstens zwei Männer, zwei Zeugen, unabhängig voneinander gegen den Angeklagten aussagten. Das Neue Testament spricht öfter von Zeugen →Jesu. Die →Apostel sind Zeugen seiner Auferstehung und die →Jünger sind Zeugen für alles, was sie von ihm gehört und gesehen haben.

Zisterne

→Brunnen

Zöllner

Auch heute muss man an manchen Grenzen Zoll bezahlen, wenn man bestimmte Waren ins Land bringt. Im Römischen Reich wurden die Zollstellen an reiche Unternehmer vermietet, an die Oberzöllner. Die Oberzöllner kassierten jedoch nicht selbst, sondern stellten dafür Zöllner an. Die Höhe des Zolls setzten die römischen Behörden fest. Die Zöllner aber verlangten mehr, denn sie hatten Unkosten und wollten selbst auch verdienen. Sie wurden von vielen Juden verachtet, weil sie den Römern dienten und weil viele von ihnen Betrüger waren.

Zypresse

heißt ein immergrüner Nadelbaum mit kugelrunden Zapfen. Er erinnert in seiner Form an eine Pappel. Das gelblich-rötliche Holz ist hart und wohlriechend.

Der Vordere Orient
Tarsus
Assyrien
Ninive
Assur
Eufrat
Tigris
(Babel)
Babylon
Ur
Chaldäa
Syrien
Kanaan
Damaskus
Sichem
Bet-El
Jerusalem
Goschen
Ägypten
Nil
Midian
Sinai
Horeb
Schilfmeer
Rotes Meer

Das Land Israel
zur Zeit Jesu
Damaskus
Libanon-Gebirge
Kafarnaum
Betsaida
See
Gennesaret
Galiläa
Karmel
Nazaret
Jesreel
Samaria
Samaria
Sichem
Jordan
Mittelländisches Meer
Judäa
Jericho
Jerusalem
Betlehem
Totes Meer
Mamre
Gaza

Verzeichnis der Bibelstellen

Inhaltsverzeichnis

AUS DEM NEUEN TESTAMENT

ANHANG